U0566232

时间的潮汐

摩登中产
出品

王鹏
主编

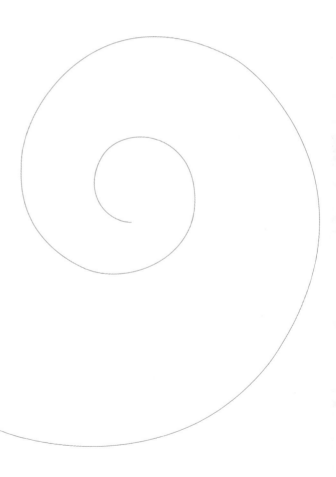

当代世界出版社
THE CONTEMPORARY WORLD PRESS

余
音
YUYIN

这本书是一个隐秘的约定

一段百年与当下、时间与思考、你与我的旅程

自
序

时
间
的
潮
汐

王
鹏

这个时代的许多亲历者，都对速度充满敬畏。很多时刻，我们并不在意狂飙，而在意无常。时代的故事进退失序，主角自然迷惘彷徨。

也正因于此，越来越多的人喜欢史海沉锚。世事萍踪侠影，我能做的不过独善其身，留住我珍惜的、我沉醉的、我热爱的，仅此而已。这也是这些文章诞生的缘由。

在这本书中，你能看到千年前的锦绣吞吐，能看到百年前的风雷激荡，能看到几十年前的洪流汹涌，亦能看到当下的拍案、抚掌与拧眉。时间如潮汐起落。记录泡沫的人很多，但我们更愿记录潮水下的每一粒砂砾。

这并不是一个轻松的过程。许多故事已复杂如谜案，许多人物已幢幢如迷影，许多结论也已恍惚如谜题，而我们最骄傲的，不是还原拼图，而是把时光中的欢歌、悲悯和叹息，如实如味，告诉你听。

所以，这本书是一个隐秘的约定。你或许刚刚从机场、高铁的书店拾起它，或许刚刚划开快递的包装发现它，或许在一个安静午后的图书馆书架上偶遇它，无论我们怎么相识，我们都将开启一段特殊的旅程，一段百年与当下、时间与思考、你与我的旅程。

这将是一段充满时间质感的旅程。那些故事是衡量光阴的尺子，也是观察时代的切口。当把这些文章排列开来，你会发现，漫长的时间如回环的因果。有时候我们觉得前行了好远，其实不过是回到起点。

感谢为许多故事倾注心血的刘畅同学，感谢已远在江湖的沈旸、倩菡和博洋，感谢从大厂毅然而来的梦琪，感谢日夜与共的董珂、杨总和浩浩，感谢毕铮、金策、晓婷、安琪、杨磊、张宁等许多还愿意相信理想主义故事的人。感谢很俗套，但每个字都情真意切。

最后谢谢出版社老师的包容和溺爱，在这样的年代出这样的书，唯有致意。

希望每一位翻开这本书的人，能喜欢这些文字，喜欢文字后面的我们，不虚此行。

时间有固定的潮汐，尘世有百变的宿命。愿你和我们一起穿梭这些人生，最后找到属于你的答案。

是为序。

狂潮
——理性

浮华散去，
生活慢慢露出本来模样

回望
敬畏

出口
自由

狂潮

理性

浮华散去
生活慢慢露出本来模样

那场持续十年之久的美国大萧条

大萧条在戾气和傲慢中降临，在谦和与反思中退散。

一

整个 19 世纪 20 年代，被西方称为"咆哮时代"。从阿尔卑斯山到美国西海岸，到处是繁花盛景。科技巨浪冲刷着欧洲，半个世界的财富都聚集在美国。

活在世纪之初的人们，对这个世纪有着莫名其妙的自信。人人都在幻想科技无限发达的未来，到处都在热议消费升级。

全美发电量翻了七倍，电话线横贯北美大陆。咆哮时代开始前，汽车还是奢侈品，而到了 1927 年，福特已卖出 1500 万辆轿车。

1920 年，商业广播在美国匹兹堡诞生，1200 多万个家庭拥有了收音机，海量资讯在移动中传递，众多商业模式诞生。

入夜，爵士乐从晶体管中流淌而出，反复倾诉着盛世的优雅和浮华。

美国城镇居民人数超过了农村，摩天大厦中出现了白领。男士提起公文包，女士则穿上齐膝直筒裙。

他们人手数张信用卡，分期付款举国流行。都市霓虹灯如无尽丛林，巨幅海报上的女郎鼓动每个家庭最好买两辆车。

整个国家的主题就是撒币。虽然国内债务繁杂，但 1925 年至 1928 年，美国海外投资年均 11 亿美元，相当于今天的千亿美元。

美国第 31 任总统胡佛的前任柯立芝说，做生意才是硬道理。而 1928 年胡佛上台时则说，我们正处于取得对贫困战争决定性胜利的前夜，贫民窟将从美国消失。

咆哮声越来越高亢。1927 年，美国人驾驶飞机首度横跨大西洋。第二年，当时的世界第一高楼克莱斯勒大厦在纽约动工。同年出版的新书《华尔街的故事》写道："这些巨人正从本书的字里行间阔步走来，就像中世纪的冒险家一样。"

美国财长对公众说，繁华高潮将永不停歇。而经济学家则说，美国的股价已经立足于永恒高地之上。

1929 年 10 月 21 日，胡佛参加白炽灯发明 50 周年庆典，时代仿佛演进到最光明处。

然而，那一天还是突兀到来。10 月 24 日，美国股市突然暴跌，当天跌幅达 12.8%。

大量股票的价格从顶峰跌入深渊，因下跌速度太快，行情自动显示牌上的数据都来不及显示。

这仅仅是个开始。此后三个交易日，股市继续疯狂下行。10 月 29 日，股指当天下跌了 40%，大厦已倾。那一天被称为"黑色星期二"，大萧条时代的起点。

冥冥之中的重锤，击碎了如水晶般精致的生活。无数裂痕遍布美国。

两周内，300亿美元财富蒸发，相当于美国在第一次世界大战中的总开支。此后不到一年，13万家企业倒闭，四分之一人口失业，钢铁工业产量下降80%，汽车工业产量下降95%，可谓断崖式下降。

即便如此，胡佛仍拒绝承认问题的严重性。

股灾之初，他宣称"危机在60天内就会结束"，此后则称"国家基本事务依旧建立在良好和繁荣的基础上"。

大批中产开始在城市中流浪。他们把要饭袋称为"胡佛袋"，把御寒毯称为"胡佛毯"，把那些纸壳窝棚聚集地称为"胡佛村"。

有些人连胡佛村都住不进去，只能睡在波士顿广场。清晨，波士顿广场上一地报纸，如同下了一场夜雪。

广场边的街巷内，小童们奔跑，唱着童谣："Mellon pulled the whistle, Hoover rang the bell, Wall Street gave the signal and the country went to hell!"（"梅隆拉响汽笛，胡佛敲起钟，华尔街发出信号，美国往地狱里冲！"）

二

大萧条仿佛一夜间降临，但警示在数年前便已浮现。

胡佛上台之初，美国活跃着大量"信托投资公司"，很多公司的投资去向不明，暴雷频繁。政府出手监管时，已有超过450万中产家庭资产损失近三分之一。

这只是当时乱象的一个缩影。

过度迷恋纸面上的数字，就会忽视真实的规则；一味追求繁华的表象，就会丢失繁华的根基。

大萧条，就是根基丢失的代价。只是这代价过于沉重，沉重到要几代人陪葬。

整个 30 年代，美国对外贸易减少了 70%，国内近三分之一人口没有收入。这一时期的儿童，身材矮小，后被称为"萧条的一代"。

一战结束后的畅销品，如电烤炉、洗衣机、缝纫机、自行车等，销量呈断崖式下跌。昔日的美好生活如同遥远的旧梦。

报纸上常见的新闻，是妈妈打开煤气带着孩子一起自杀，因为她实在想不出第二天食物的来源。

压抑的现实催生了影视的繁荣。好莱坞诞生于 1929 年，这个时间点和大萧条的起点重合。

卓别林成为大萧条时代的偶像，他最著名的两部喜剧《城市之光》和《摩登时代》都诞生于此时。

当人民渴望喜剧时，常常意味着时代已板起面孔。

不光是喜剧。整个大萧条时代，美国还拍出了《金刚》《乱世佳人》《蝴蝶梦》，迪士尼创造了米老鼠和唐老鸭，米高梅创造了汤姆和杰瑞。

人们宁愿看巨猿在大厦顶咆哮，看猫和老鼠无休止追逃，也不愿看真实的世界。

那个时代没有综艺，歌舞片风靡一时。观众沉迷于奢华的布景、俊男美女的歌唱,片刻的麻醉使其能暂时忘却社会的真实。他们无法接受生活的垮塌。

那时的美国,大量信件标着地址不详,每个人都失去了原有地址。大学毕业生、公务员、教师和企业家混杂在一起,奔波流浪,成为大时代的流民。

中产阶层如自由落体般坠落。《纽约时报》撰文称:"那些夜间敲门讨饭的,几个月或一年前可能还在银行里爽快地签发过你的贷款,或者曾在你所看的报纸上写过社论。"

比生活落魄更可怕的是信心破碎。

学者李普曼写道:"整个民族精神不振,人人觉得自己孤零零的,谁也不信,什么事也不信,甚至对自己也不信任了。"

美国铜王的女儿陶乐珊,曾经过着公主一样的生活。大萧条后,她在窝棚中给人做饭,每天要做 50 份饭菜,即便如此,生活质量仍持续下降。

她曾经想写本书,书名拟为《从三千万到三十分》。

她小时候过生日,父亲送她一对黄金打造的左轮手枪。枪上刻着"送给陶乐珊。爸爸,1913 年"。

大萧条后,她把枪抵押出去,换回了 100 美元。

黄金手枪一枪未开,但已谋杀了一个时代。

三

没人料到大萧条会持续十余年。

那些浑浑噩噩被卷入大时代的人们，想不通那些杞人忧天为何会忽然成真。

最终，漫长又残忍的生活成为最好的老师。无数家庭开始了寒冬蛰伏，学习如何度过萧条时代。

男人们的剃须刀片要自己打磨，香烟换成了手卷烟，家里的灯泡换成了 25 瓦，以便省电。孩子们从小就知道捡汽水瓶卖钱，年纪稍大点儿就去面包店排队买隔夜面包。

新奇的电器无人问津，但冰箱却销量上升，因为可以在商品减价时大量储存食物。

同时期，美国人发明了午餐肉，创办了《读者文摘》。原理相同，买不起肉，就吃混装肉；订不起杂志，就订混合型文摘。

在萧条时代，人们更热爱学习，知识能给他们更多安全感。

最初，人们涌入图书馆是因免费且温暖。后来，人们开始尝试在书籍中寻找力量。

1933 年，美国图书馆协会统计，1929 年以来借书人新增 200 多万，图书流通率增长了近 50%。

借书人对图书管理员说："要不是因为有图书馆，我没准儿早就疯掉或自杀了。"

人们飞速翻阅书籍，希望找到让萧条时代终结的办法，希望能翻到希望。在至暗时刻，最珍贵和最稀缺的永远是希望。

1933 年 3 月，接替胡佛的新任总统罗斯福举办了一场特殊的广播活动，美国人将其称为"炉边谈话"。罗斯福在任 12 年间，共做了 30 次炉边谈话。

他声音温和低沉，常以"我的朋友们"开篇，听众们第一次感觉"华盛顿与他们的距离，不比起居室里的收音机远"。

每次炉边谈话后，白宫总能收到数十万封听众来信。有听众将他的照片贴在收音机上，仿佛总统即家人，陪他们共渡难关。

大萧条在戾气和傲慢中降临，在谦和与反思中退散。

很多年后，美国人仍念念不忘罗斯福在就职演讲中说的那句话——"唯一让我们恐惧的，只有恐惧本身。"

大危机之后，被纠错的生活

在世界按下暂停键后，消费浪潮暂歇，生活多了新走向。

一

1930年，两万多人赶到美国大西洋城，聚在一根225英尺的旗杆下，抬头观看。

旗杆顶端，一名男子正在表演风中生活。他在旗杆上吃饭、睡觉、刮胡子。

他坚持了49天，旗杆下的人们也看了49天。

大萧条之前，类似游戏观众寥寥。股票数字时刻跳动，街上行人飞奔向前，谁会关注旗杆上的人？

然而，1929年经济崩盘之后，生活的流速陡然下降。电烤箱、搅蛋器、咖啡壶等小家电的销量断崖式下降，唯有冰箱的销量缓缓上升。

因为它能囤积低价的食物，冻住更长的时光。

往日塞满的日程表露出更多空白——长途旅行取消了，周末逛街抹掉了，社交聚餐能省则省，更多人选择待在家中。

理发师改为上门营业，美发沙龙早已关闭。一同关闭的还有私人高尔夫俱乐部。野草在俱乐部的铁栏内疯长，鸽子踱步其中。

羽毛球、乒乓球运动和户外晚餐开始复兴，业余木工、机械改造成为全民爱好。

无从打发的长夜里，一家人用桌面游戏消磨时光——"皇后"和"战车"在木制棋盘上厮杀；巨大的拼图拼好后又拆了重来。他们最爱的游戏，是1935年发明的纸质《大富翁》。

那些激动人心的财富数字，那些拔地而起的高楼幻梦，不过是薄薄的纸片。命运掷个骰子，一切就烟消云散。

夜晚，还有一个固定节目——全家人围坐在一起听收音机。

广播里说，大萧条最大的意义就是能让一家人温暖地待在一起。

喧闹的年代，收音机只用来播放瞬息万变的新闻；生活放慢后，收音机成为心灵的寄托。

男孩听着《青蜂侠》幻想外面的世界，女生则爱广播剧。

一场大危机对时代最深刻的改变，便是改变了时代的生活哲学。困在大萧条中的人们，停下脚步，学会了思考和倾听。

那个年代，20个成年人中就有19个是报纸读者，四分之三的人会订阅杂志，图书馆总是挤满看书的人。卡耐基的《人性的弱点》，是那十年间最畅销的书。

舒缓的摇摆乐，在萧条中诞生。百老汇歌曲《生活就是一碗樱桃》，里面有句歌词"微笑活下去"。

1929年，美国股市崩盘那一年，第一届奥斯卡颁奖典礼诞生。

此后十年，全美电影票房增长了七亿美元。

《绿野仙踪》谢幕，《乱世佳人》登场。大银幕上光影纷乱，台下的人已学会安静地把故事看完。

迪士尼的《三只小猪》，也于那时放映。三只小猪代表着守在家中的市民，门外的大灰狼暗喻着萧条。

只要有家庭守护，有亲人相伴，有乐观的歌声，萧条终会退散。

二

大危机的余韵，常常格外漫长，并无清晰节点。

1990年日本股市崩盘，1991年日本楼市坍塌，1993年日本经济泡沫完全破碎。三年间，东京街头人流依旧，只是所有人像被一点点抽离了生气。

新宿路口，排队上班的人们诡异地静默无声。有人想起了泡沫时代的笑话："大家一起闯红灯，就不会害怕了吧？"

百元店如雨后春笋般增多；中古店成为逛街首选；夜晚小酒馆里的顾客，面前只摆一条小烤鱼。全民节俭的习惯一直延续了许多年。

狂飙年代像怪兽般跑远，留下了鬼怒川如迷宫般的超大型温泉酒店，无数关门的游乐园，以及《白夜行》开篇的烂尾楼。

曾经盘根错节的欲望，最后只余相思。伊豆乡下，小卖部的老人眉眼不抬，津津有味地看着电视里的高尔夫频道。

往事已矣。日本人的生活，从五彩斑斓的油画变成了简笔画。

名牌西装不再是身份的象征；爱马仕包也可装米拎菜；东京女孩衣橱中的许多裙子，再见天日之际是展示给自家女儿。

"无印良品"成为那个年代的标志，它的海报上印着一整条鲑鱼。

过去，日本人做鲑鱼罐头要去头去尾，而无印良品海报上的鲑鱼则有头有尾，因为"再经不起浪费"。

大危机之后，生活卸妆，化繁就简，没用的欲望开始被剪除。

1995年动画《新世纪福音战士》播出时，里面的主角尚迷茫不安、懦弱不定。几年后，电视外的年轻人梦想的职业已是建筑工人和面包师。

村上春树的随笔集《兰格汉斯岛的午后》里有这样一个词——"小确幸"。生活的幸福之一，就是完美磕开一个鸡蛋。

浮华散去，生活慢慢露出本来模样。

危机之前，日本人什么都想得到，恨不得把生活中的每一个角落都贴满金箔；危机之后，用了20年时间，他们才明白，生活本身就是金子。

经济泡沫破碎后，日本工程师送给国外同行礼物固定是一根圆珠笔。

他们泰然自若。包装再漂亮也要丢弃，实用就是最好的礼物。

三

2020年，一对加拿大夫妇变卖所有家产，远行北极圈，以躲避新冠病毒。

他们从魁北克出发，驱车 5500 公里，最终到达位于北极圈内的加拿大老鸦社区——一个只有 250 人的村落。

地方官员拦住了他们。在他看来，这对脸绘纹身、不带御寒衣物、嬉闹出行的夫妇，如嬉皮士一般不负责任。

官员说，抛弃家庭、远离亲友、丢掉生活的人，才是真将自己置入危险之中。

散漫的欧美人，在疫情中开始重视家的概念。

有意大利人在阳台开起了"演唱会"；有德国人在家中组团演奏《欢乐颂》；有美国作家说，疫情爆发后他的第一个念头就是回家。

西班牙导演佩德罗将房子形容为"学院"，而他是"学院"唯一的学员。每日，他按自制的时间表看电影、读书、学习，在走廊折返跑，发现家有无数功能。

在东方，家的意义更为重要。

隔离之初，人们以为这不过是春节假期的延长，直至后来，才发现已错过大半个春天。

有人说，这是十几年来与父母相处最长的一个假期；还有人说，数清了阳台上的地砖，对墙上的纹理已了如指掌。

阳台外的世界混沌难测，网络小组里讨论最多的词是"世事无常"。有人说，终于知道了生活的本质就是柴米油盐酱醋茶。

那些被忽略的真相，在危机之后渐渐浮现。

有人人生中第一次做财务规划，有人人生中第一次看房。人生不再云中行走，而是稳步行进。

大危机改变了这个时代的生活哲学，平安将成为长久的主题。

在世界按下暂停键后，消费浪潮暂歇，生活多了新走向。

2020 年 3 月，英国《太阳报》刊登了一封借比尔·盖茨之名写的公开信。

信中说，病毒强迫我们回到房子里，所以我们可以把房子建成家庭，并建立牢固的家庭纽带。信末写道，疫情是一场灾难，但也是一次伟大的纠错。

巴菲特、索罗斯与国运游戏

熊与鹰的游戏。

一

1994 年秋天，华尔街盛传，美国总统山对面山崖上将新修四座巨大的雕像。

这些雕像用来纪念金融大亨。投资经理们为后两座雕像的人选争论不休，但对前两座则毫无异议。

第一座属于巴菲特，第二座属于索罗斯。

索罗斯听闻流言，报以一笑。"你们可能再也找不到两个如此不同的人物。"

巴菲特和索罗斯都出生于 1930 年 8 月，生日仅相差 18 天，但他们穿行的世界却黑白迥异。

巴菲特童年时生活在美国小城奥马哈。那里曾是淘金者的乐园，到处是赌场和酒吧，满城都是流动的繁华。

巴菲特 5 岁摆摊卖口香糖，8 岁倒卖高尔夫球，11 岁游走小城，兜售赛马彩报。

他童年的玩具，是从做证券经纪人的父亲那里搞到的股票纸带。纸带铺了一地，他在无数符号数据上嬉闹成长。

12 岁时，他用积攒的零花钱买了人生中第一只股票，赚了五美元就卖掉了，那支股票后来翻了四倍。他的人生从此多了一个结。

在距离奥马哈万里之外的匈牙利，索罗斯拥有一个完全不同的童年。

他是犹太人，极端分子曾在他家门口悬挂了两具尸体，并留下字条：这就是犹太人的归宿。

二战开始后，父亲为他准备了假身份和 11 个藏身点。

少年索罗斯穿行在布满尸体的街巷，辗转于不同的地窖之间。他唯一的快乐，是一家人在地窖中打牌，赌注是糖果。

他赢了就吃掉战利品，父亲赢了却从来不吃。他开始明白，赌博的要义就是要留有赌注。

17 岁那年，他被迫前往英国伦敦谋生。

他当过洗碗工、服务生、泳池救生员，以及塑料模特厂工人。在塑料厂工作时，他因贴错假发而被开除。

他在伦敦街头跳上公交车，身后却一片嘲讽声："英国人都懂得排队，乡巴佬才跳车。"语气充满优越感。

他无暇顾忌这些，正忙着欺骗救助机构，以获取两份救济金。

"为了生存，我不得不撒谎或骗人。只要没伤害别人，道德也许要让位于求生。"

而和他同岁的巴菲特，生活正满是阳光。

20岁时，巴菲特考入哥伦比亚大学商学院，师从投资名家。他为追女孩而苦练演讲，并在毕业后进入纽约一家知名公司。

1956年，26岁的巴菲特回到奥马哈，开了一家投资公司。

在写给投资人的第一封信中，他说他已押上全部身家，将尽一切可能降低风险，希望投资人可以等到五年以后。

同一年，26岁的索罗斯因旷工被主管嘲讽，一怒之下带着5000美元跨海到纽约找机会。

他满怀愤怒和不甘，发誓要五年赚够50万美元。很快，他成为华尔街的一名交易员。

凭借对欧洲市场的熟悉，索罗斯成为少数能做越洋投资的交易员。

暗码电报越洋而来。因为时差，他整夜不眠不休，满脑子都是疯狂的数字。

熊和鹰，正式登上美国经济舞台。

巴菲特如熊，投资风格稳健厚重，注重长远，势大力沉。熊市时，他疯狂买入股票；牛市时，他反而逛街，看棒球赛，悠闲地打高尔夫。

索罗斯如鹰，他用尽一切手段追求利润。所有手段都是工具，没有对错。

他的基金叫双鹰基金，后改名量子基金。

他特意把办公室设在远离华尔街的街区，不甘同流，不屑为伍。办公室最显眼处挂着标语"我生来一贫如洗，但绝不能死时仍潦倒贫穷"。

二

熊和鹰开始用各自的逻辑寻找世界背后的规则。

1987 年 10 月 19 日，美国股市遭遇"黑色星期一"，股指暴跌 22%，巴菲特公司的市值一天蒸发了 3.24 亿美元。

公司一片慌乱，唯有巴菲特十分淡定。数月后，他开始大批量买入可口可乐的股票。

可口可乐一路跌，他一路买。到了 1989 年春天，他共买下可口可乐 7% 的股票，价值 13 亿美元。九年后，这些股票价值 133 亿美元，翻了十倍。

熊在捕猎前总要蓄势良久。巴菲特说，许多人没看到可口可乐的未来价值，投资行为中耐心第一。

在 1987 年的那个"黑色星期一"，索罗斯损失了 8 亿美元，成为华尔街亏损最多的人。

他习惯了刀口舔血的生活。雪崩对别人是灾难，对他则是表演的舞台。

当年年底，量子基金卷土重来，收益增长 14%。

索罗斯不满足于此。三年后，他调集 100 亿美元，开始了计划良久的"复仇"。

他全力做空英镑，以摧枯拉朽的方式重回伦敦。那些傲慢的、冰冷的、浮华的，最后都要臣服于他的规则。

英格兰银行拿出 270 亿美元外汇储备反击，于事无补。

1992 年 9 月 16 日，英国财政大臣对全世界电视观众宣布，英国退出欧洲汇率机制，英镑被迫自由浮动。当夜，英镑贬值 14%，量子基金净赚约 20 亿美元。

索罗斯因此登上了《经济学人》封面，被称为"一人战一国"。

这只是鹰掠食的开始。

此后，他"远征"意大利，"攻陷"瑞士，把当时全球第九大经济体墨西哥打回第三世界，整个墨西哥金融体系倒退了五年。

当时，全世界各大交易所内，只要听见"Soros in!"，所有交易员都会跳脚疯狂。

1996 年，他望向东南亚。鹰眼之下，那些繁华全是空壳。

泰国建了许多空无一人的办公大楼，韩国生产了十倍于市场需求的汽车，香港楼市泡沫膨胀到举目可见。

1997 年，他做空泰国、马来西亚、菲律宾、印尼、韩国、中国香港等地的货币，四小龙齐遭劫难。

东南亚人还没来得及享受荣华，汽车刚下生产线，房子新刷的油漆还没干，一切就已经失去。

马来西亚总理马哈蒂尔曾怒斥索罗斯："我们花了 40 年建立起来的经济体系，一下子就被这个有钱人给搞垮了。"

人们开始用"金融大鳄"称呼索罗斯。外界推测，这一战中索罗斯净赚 100 多亿美元。

索罗斯长时间保持沉默。

在一个探讨"对冲基金是不是金融市场头号恶棍"的听证会

上，他说，人们忘记了，泡沫并不是他吹大的，"我从未制造危机，只是压垮它们的最后一根稻草"。

三

飞掠过大半个世界后，索罗斯在传说中已形如妖魔。

传言，他会随心情喜怒来干扰市场。每逢背疼，就怒抛股票，令股市崩盘。

他曾在接受采访时澄清，其实是因为他时时刻刻在紧张，长久的紧张导致背疼。

千禧年后，他渐渐淡出投资舞台。

2008 年 1 月，他在《金融时报》发文预警：即将发生"二战以来最大危机"。

人们笑他垂垂老矣危言耸听，而危机真的到来后，又惊呼这是"索罗斯魔咒"。

2011 年，80 岁的索罗斯宣布退休。至此，他已向慈善机构累计捐款 50 亿美元，是全世界捐款最多的人之一，但在外界眼中，他依然是"投机犯"。

2017 年时，还有十万美国人联名上书特朗普，希望白宫宣布索罗斯是恐怖分子，没收其全部财产。

退休那年，索罗斯留下他有关投资的最终感慨："世界经济史是一部基于假象和谎言的连续剧。要想获得财富，就要在假象被公众认识之前退出游戏。"

鹰被魔化了，而熊则被神化。

有人对巴菲特说，你不光该竞选总统，你还应该当神。巴菲特苦笑："我想，那个位置已经被占了。"

投资 77 年后，他越发如履薄冰。他和别人吃了许多次午餐，总结了许多次规律，但却越来越觉得，规律都不是规律。

2019 年 2 月 24 日，他给全体股东写了一封信。信中说，他一生的荣辱成败，其实与他无关，他只是搭上了美国国运顺风车。

鹰也好，熊也罢，其实只是随着国运起伏做游戏。

穿越最漫长的轮回

轮回之中，列车永不停歇。

一

时光列车冲入 1988 年时，日本裕仁天皇已病入膏肓。

他早已从神坛跌落人间，最后时日，不过是僵卧病床等待归期。

皇室官员们惶恐慌乱。他们禁播了工藤静香的巧克力广告，只因广告语里有一句"这一天终于来了"。

裕仁天皇于 1989 年 1 月 7 日早晨去世。当天晚上，东京银座挂满了白色灯笼。

然而，灯笼下的人们无心悲伤。他们流连于明亮的橱窗前，嬉笑于豪华的餐厅内，并为偶像演唱会因国丧取消而失望不已。

对于列车上的乘客而言，生活不过是由昭和末年驶入平成元年。他们相信，列车将持续加速，前方的桥都很坚固，隧道都很光明。

昭和最后三年，日本人民的个人财富翻了三倍，东京的企业年底要发十几个月月薪以当年终奖。有家建筑公司因年终发了六个月月薪，被高管四处抱怨"不景气啊"。

平成元年（1989 年）最后一天，列车车速达到顶峰，日本股指高达 38915 点，随后，刺耳的刹车声响起，列车出轨，冲入荒野。

最早的征兆依旧是年终奖。大批企业宣布取消年终奖，此后连年取消，直至 20 世纪结束。

大公司搬出稻盛和夫的管理策略——要干更多的工作，工资不会加，奖金发不出，请忍耐。

小型企业则更直白，上司直接训斥老员工："公司没辞退你，但你心里没谱么？"

新词"再构造"开始流行，其实只是"裁员"的另一种体面说法。有企业高管被"构造"成文案，继而被"构造"成搬运工，最后被迫辞职。

有限的体面也很快无法维系。

1993 年，全日本有六成企业减少了应届生校招；第二大汽车厂日产关停了神奈川工厂，直接裁减 5000 人；日本航空宣布，请3000 名 35 岁至 55 岁的中层主动辞职。

当年，日本减少了 13 万个岗位，但经济学家说还得再裁 200万人。

就业艰难导致消费萎缩，信用破产诱发金融爆雷。日本的房价在被调控数年后，于 1993 年掉头向下，并连跌 25 年。

生活中，到处是多米诺骨牌倒下的声音。

荒野的气温一夜转冷。电台节目开始教主妇如何用煮饭的热气顺带煮鸡蛋；法式餐厅门庭冷清；麦当劳低价套餐被热捧；日本各地神社内，祈福人数激增。

平成三年（1991 年），大阪新增流浪汉 6000 人，东京则过万。列车飞奔时，人们纵情享乐无心存款，与此同时，失业和房贷足以致命。

平成前十年，日本平均每年自杀人数超 32000 人，是过往的三倍。富士山下的青木原树海，林木遮天蔽日，许多人绝望走入，再未出来。

迷茫在整个国度扩散。面对外媒的嘲讽，日本人不再反驳，他们自比"沉沦的巨人"，并预测"这恐怕是战后最漫长的萧条"。

列车在荒野中越来越慢。习惯高速奔行的人们四下张望，眼前的萧条是如此陌生。

二

穿越萧条的人们，总要经历三重幻灭，第一重便是失速。争分夺秒的快节奏，在萧条时切换为拖沓冗长。

歌舞町闭门谢客；写字楼灯光熄灭；白领们挤进电车早早归家，用电视打发漫漫长夜。

电视上，珠光宝气的年轻偶像不再受宠，取而代之的是恶搞综艺。

因经费紧张，这些节目大多布景粗糙，也无台词剧本。艺人们用肢体搞怪，批量生产空洞的笑料。

一切都在降速。从东京奔驰而出的子弹头列车上，乘客越来越少。人们去转乘更便宜的长途大巴。

旅途被拖拽得无比漫长。西装革履、表情麻木的人们挤在慢速的大巴车上，人人都在假睡。

失速之后，接踵而来的是失信。

跟跄度过头几年萧条后，适应下来的人们回望过去的彩色泡沫，信任开始崩塌。

九成以上的日本人，不买股票，不买基金，不参与 P2P，不考虑楼花，更不碰古玩和黄金。他们只相信存款。日本家庭共有 1600 兆日元存款，即便利率很低也要存在银行。

日本香川县最大的国有银行把存款利率降到了 0.05%，人们照存不误。当地居民说，大人物们总想动脑筋刺激消费，但我们是绝对不会敞开花钱的。

杯里都是蛇影，风中都是鹤唳。亲历过崩塌的人们什么都不信，"在我们心里，理财跟赌博差不多"。

直至 2016 年，经历四分之一个世纪的疗伤后，日本股市才迎来新一代股民。他们对金融知识茫然而陌生。许多人买任天堂的股票，只为声援其新出的游戏。

不相信投资神话，不相信职场奋斗，发展到最后，人们开始不相信婚姻和家庭。

2017 年，日本厚生劳动省发布的报告显示，日本男性平均每四人中就有一人终身未婚，18 岁到 34 岁的未婚者中有 70% 的人未谈任何形式的恋爱。受访者们觉得，婚姻是束缚，婚房是负担，生育更是沉重之事。

从平成元年（1989年）开始，日本生育率一路下降，并不断创新低。

失信久了，便会失望。在萧条中长大的一代人，变得沉默自闭。日本人称平成一代为"草食系"，安全、安静、安之若素，然而平静之下其实是麻木。

他们谨慎小心，他们不敢消费。不敢的原因是对未来没有信心，"在我成长的过程中，印象里全是黑色的消息"。

90年代后期，报纸上还时常出现萧条何时结束的讨论。慢慢地，讨论消失了，无人预测，也无人再期待。

人们已经明白，他们正活在一个漫长的周期之中。

三

2016年3月，日本主妇山下英子推出畅销书《断舍离》，其核心理念是丢弃生活中用不到的东西。

日本电视台拍摄了断舍离上瘾的一家人。他们把电视、衣柜、写字台通通扔掉，客厅里只留三把椅子。

他们还卖掉了汽车，选择地铁出行。面对镜头，丈夫笑称："堵车让我的通勤时间增加了一倍，现在反而减轻了负担。"

萧条彻底改变了日本国民。他们不再懊恼已逝的荣光，不再期盼瞬间的逆转，而是专注于眼前的生活。

《第四消费时代》作者三浦展说，已被摧毁的物质恢复原貌也无意义，日本现在更渴望把消费用于购买"美好的时光"。

泡沫总在狂妄时诞生，复苏总从极简处开始。再冰冷的经济规律，背后依旧是人心。

2018 年 9 月，日本地价上涨了 0.1%，27 年来首度止跌回升。列车正重回轨道。

萧条是否临近结束尚未可知，但平成时代已经行至尽头。

2019 年 4 月 30 日，明仁天皇退位。公开的庆典流程中，有两次宴席时嘉宾是站着用餐的。

据传，皇室想修好天皇当年游行时乘坐的劳斯莱斯，但因修理费过百万而放弃。

列车缓缓穿过平成的最后时光。这场漫长的轮回，充满了失去和得到。

电影《千与千寻》的女主角生于 1990 年，正是荒野岁月起始之年。

幻境中，女孩战胜了各种妖怪，解救了迷失的父母，找到了回家的路。

电影结尾，那个有着成人体型、从未出过家门的巨婴，经历一番冒险后，已能独立走路，不再动辄哭闹。

宫崎骏说："列车最后启动的那一刻，是我人生最开心的时候。"

最后的香港股神

人生如过客，有风就要驶尽，无风不妨避一角。

一

他可能是香港绰号最多的大佬。

政客们称他"潮州怒汉"，散户们尊他"仙股医生"，老一代人习惯叫他"金牌庄家"。

而让香港记者念念不忘的则是他爱坐一辆金色劳斯莱斯招摇过市，他因此得名"金劳詹"。

他叫詹培忠，已经70多岁。占据他人生最长的称号是"香港股神"。

和李嘉诚、向华强一样，詹培忠出身潮汕，1956年随家人定居香港，中学没毕业便去柬埔寨随父从商，20岁时已在生意场上八面玲珑。

22岁，他孤身返港，身上只有接私活儿所攒的数千元，詹父并无任何资助。

彼时的香港，风尘中已满是繁华。入夜霓虹灯亮起，城市如巨大的迷宫。

詹培忠在迷宫中埋头奔跑。"香港是商业社会，人很现实，成王败寇，你要赶上，只能摄位。"

粤语中，"摄位"意思是找机会上位，用尽一切手段。

他返港那年，股票走红。1969 年，香港企业家在中环皇后大道上成立了远东交易所。后来交易所大堂外墙被拆除，改为玻璃幕墙，被港人称为"金鱼缸"。

每日，穿着红马甲的交易员们忙碌奔跑，在黑板上写下股价，散客们冲前接单。

所有有关财富的人间悲欢，在"鱼缸"中一目了然。

1972 年，詹培忠穿上了红色背心，编号"190"。

多年以后，他依旧怀念穿着红背心站在黑板前的感觉。他是"鱼缸"中的明星，无数贪婪的目光盯着他手中的粉笔。

他冷静、高效、不贪小利又机灵百变，很快博得各家上市公司的喜欢。

虽然每月工资只有 100 元，但詹培忠私下炒股一年便赚到人生第一个 100 万。

那是港股的黄金时代，全香港酒楼都在卖鱼翅捞饭，一碗红烧鱼翅配白饭 8~30 元不等，占当时普通人月收入的四分之一，但股民们乐此不疲。

每日收市，詹培忠都会和同事去吃鱼翅捞饭，然后打麻将、逛夜总会，有时兴起还会乘游艇出海。

暗夜，远望维多利亚湾，就像看一片霓影蒸腾的海市蜃楼。

然而好景不长，1973 年开年，香港突降冰雹。此后形成魔咒——凡有落雹，必有股灾。

1973 年 3 月，恒生指数开始狂跌，到 1974 年 10 月，从 1774 点一路跌到 120 点，跌幅达 92%。一斤白菜都比一手股票贵。

报纸上满是关于破产、跳楼、自杀的新闻，詹培忠赚来的 100 万也输得干干净净。

詹培忠将这次失败定义为人生洗礼，称："经此风浪后，人生再无可惧。"

远离股市后，他帮朋友打理了两支足球队，但终归志不在此。绿茵场尺寸有限，胜负也太过简单。

80 年代，詹培忠结识了南洋富豪陈松青，并成为其御用操盘手。

在詹培忠的运作下，陈松青旗下控股公司佳宁的股价狂飙 16 倍，而詹培忠也因此得名"金牌庄家"。

盛名之下，益大、侨联及维达等公司纷纷找他坐庄。鼎盛时期，詹培忠坐庄公司达 20 家，超整个港股成交额的十分之一。不到三年，詹培忠便晋身亿万富豪之列。

当时港媒称，詹培忠炒股如"猪笼入水"。猪笼呈网状，打水本是一场空，但换个角度想，水从四面八方涌来，恰如财运亨通。

成为大亨的詹培忠，喜欢约记者吃饭唱歌，最爱《洪湖水浪打浪》和《南泥湾》。离开时，詹培忠习惯从口袋里掏几叠千元大钞，一张一张抽出，扔在歌厅的银盘之上。

二

1983 年，香港又落冰雹，股灾不期而至。

佳宁公司倒闭，大富豪陈松青因经济罪入狱，詹培忠声名受损，金牌庄家有口难辩。

他一怒，全家移民加拿大，然而生活温吞无趣，当地股市又佣金高昂，难寻用武之地。

1985 年，詹培忠返港，卷土重来。这次他不再坐庄，而是专门收购空壳公司，注资重组，出售赚钱。

詹培忠将这套模式命名为"寻宝游戏"。那些濒临死亡的公司，在他眼里就是宝藏。

当时赌王何鸿燊占股的"港澳发展"，已在破产边缘。詹培忠在赌王、银行、政府间左右逢源，不但了结了债务，两年后"港澳发展"市值超十亿港币。相当于，詹培忠仅注入数十万资金，便获得价值三亿港元以上的股权。

此后詹培忠连收七家濒死公司，改造后转售，每家净赚数千万。"仙股医生"的名号不胫而走。

江湖人称詹培忠拥有金手指，指向哪只股，就能改变哪只股的气运。凡他沾手的股票，散户总是蜂拥而至。

有人质疑詹培忠利用法律漏洞炒作股价，他回应道："别人说我懂得利用灰色地带，其实我利用的是剩余权利。法律规定的我遵守，法律没有规定的就是我的。"

1991 年，他踏足政界，当选香港立法会议员。

有人质疑他以前做"贼"，现在改做警察。詹培忠反驳道，他从政的目的就是要监察香港联交所。

在立法局，他快人快语，脾气火爆，"潮州怒汉"常是报纸主角。金色劳斯劳斯房车正是他当时所购，"金劳詹"豪气四溢。

他名声最盛时，连内地的企业家都登门求教。他的潮汕老乡黄光裕曾受其指点，纵横股市。詹培忠评价称："这个后生仔够胆敢拼，加上少许运气，就能闯出条大路。"

极盛之下，命运再次扭转。1998年，立志要监察联交所的詹培忠，因商业罪名入狱一年，被关押在香港赤柱监狱。

那是香港最大最严格的现代化监狱，即便香港特首来视察，也必须搜身。

"雨夜屠夫"林过云、"世纪贼王"叶继欢、"屯门色魔"林国伟，都曾关押于此。入狱时，狱警刻意把他和香港贼王叶继欢同关一室。

詹培忠害怕，大声抗议。同是潮汕人的叶继欢听见乡音，与之攀谈，两人竟聊得十分投机。此时，贼王已瘫痪，股神已落寞，那些他们曾搅动的风云终化为囚室内漫漫时光。

某日，叶继欢问他，我不义之财不少，可否教我炒股。

詹培忠说，股场如赌场，十赌九骗，还是将钱留给家人享用吧。叶继欢听后长久无言。

八个月后，詹培忠提前出狱，期间瘦了25磅。友人酒家设宴，依旧是鱼翅捞饭。

詹培忠说，他一生大起大落，从来无悔，但此次入狱终于想明白个道理——

有风就要驶尽，无风不妨避一角。

三

被关进赤柱监狱前，詹培忠曾在荔枝角收容所中转，编号"16813"。即便在厄运之中，詹培忠仍觉编号是个好彩头——"16813"谐音"一路发一生"。

出狱后，詹培忠开始收复失地。

2003年，詹培忠回归股市，买入"骏雷股份"。消息披露当天，该股股价飙升1.5倍。两天后，他又买入"北方兴业"，股价翻番。"仙股医生"再次声名大噪。

一年后，他重新当选香港立法会议员。"我是第一个以议员身份坐牢的人，也是第一个坐完牢又做回议员的人。"

咆哮声再次在立法会响起。有友人赠其条幅"宁做直折剑，莫做曲全钩"。

2007年，詹培忠被查出颈癌。医生称，恶化若严重，需切舌头。

詹培忠愤怒："我'金劳詹'靠什么起家？你要割我舌头，那就是让我收山啦。"

他在风浪中颠簸太久，早已不在意命运狞笑。不久后，他病愈，并宣称依旧能饮一斤茅台。

2008年，金融海啸来袭。8月时，股市无起色，詹培忠索性乘直升机飞赴澳门。

他记忆力极强，能将多年来恒生指数的升跌倒背如流；赌博时独喜百家乐，因为可以记牌。

在澳门永利赌场，詹培忠每局投注150万，连玩40把，赢了32把，其中一局就赢了3700万。

十个月内，他在赌场净赚2.07亿，胜过当年炒股收入。

在詹培忠眼中，股市和赌场并无分别，都可以通用他的独家秘诀。驰骋股市多年，他总结出12字秘诀：心清、数熟、赢谷、输缩、够毒、知足。

"心清"是认清大势。"数熟"是亲近数字。"赢谷"是乘胜追击。"输缩"是一输钱势头不对就立即走人，别存翻本念头。"够毒"是不讲感情。最关键是"知足"，输多了要收手，赢到某一程度亦要走人。

可是，即便凭这秘诀纵横半生，詹培忠仍然奉劝众人"十赌九输，量力而为"。

2016年6月，詹培忠宣布再次参加立法会选举。第二夜，他心口疼痛，腿脚无力，想叫救护车，又怕惊扰邻居有损形象。他向家中观音祈祷，如过此关，就戒酒和牛肉。

数年前，他在受访时说："这个自由社会，人人都在赌博。女人不可嫁错郎，男人不可入错行。结婚生子，工作前程，都是另类赌博。赌博避无可避，最要紧的是想清楚你在做什么、身在何处。"

那一夜，或许是他人生最大的一场豪赌。

第二日，他被送往港安医院ICU，因心血管破裂，先后接受了四次手术治疗。病愈后，他渐渐淡出江湖。

第二年，港交所交易大堂关闭，红马甲已成往事。

再后来，港交所交易大堂原址改为金融博物馆。馆外立有一面巨大的"贝字墙"，上面的字有"赢""赞""赏"，亦有"贼""贿""贪"。

"贝字墙"几乎囊括了所有带"贝"的字，唯独没有"赌"字。

被限购的魔花，疯狂的往事

四名全副武装的劫匪驾车冲向长春，目的是抢劫一盆君子兰。

一

岫岩乌玉花盆内，君子兰微微颤抖，天边是 1945 年的弯月。

长春伪满皇宫的围墙已被炸开，溥仪狼狈出逃。夜幕中，脚步声杂乱，有人抱起君子兰隐入墙外黑沉沉的市井之中。

流落民间的君子兰，开始积蓄魔性，等待它的荒诞时刻。

21 世纪 80 年代，君子兰破土而出，癫狂了半个中国。而癫狂的起点，正是长春。

这座包裹在风雪中的重工业城市，意外陷入君子兰的狂热中。

数年内，君子兰的售价一路疯涨，从每盆数元涨至数万元。期间当地政府连发"限兰令"，却反而助力价格飙升。

面对热潮，长春市民一度惘然。有工厂工程师发出我们熟悉的哀叹："我一个月工资几十元，一年不过数百元。我不吃不喝一辈子，也买不起一盆花。"

鼓声隆隆，君子兰在各色人等手中不断传递，制造着财富神话。

本土市民、外地客商、港商外商，都是击鼓传花的一员。民间称，因投资君子兰，当时长春百万富豪便超过三位，身家数十万者达数十位。

巅峰时刻，某港商看中"花卉大王"郭凤仪的一盆君子兰"凤冠"，直接提出以当时最豪华的皇冠轿车换作为交换。

彼时，郭凤仪等花贩才是长春的风云人物。他们出入时乘高档轿车，宴请时有秘书相随。作为君子兰"开发商"，他们能左右市场价，改变风潮走向。

1984年，郭凤仪在长春成立全国第一家君子兰花卉公司。开业那天，100多个记者到场采访，市农工商领导争相来贺。

该公司所在的斯大林大街被堵得水泄不通，"放进来一批人，过十分钟就往外撵，换下一批"。

很快，长春连开十大君子兰市场和数百家花木商店。工商数据显示，每日流连市场的人数超40万，已超当时长春人口的四分之一。市场上，不乏操着闽南口音和新疆口音的外地客。

有人在回忆录中记载了昔日的疯狂："端一盆君子兰，不用走完整条街，其价格就能涨三次。"

狂热之际，长春干脆创办了一份《君子兰报》，每周一期，每期四版。

解放牌汽车飞驰而过，卷起烟尘。烟尘中的男男女女，攥着《君子兰报》，奔向君子兰市场。

二

所有人都认为君子兰是长青基业。

范曾为君子兰作画，启功为君子兰题字，侯宝林演出会先讲一段有关君子兰的笑话。全长春市的报纸副刊都叫"君子兰"，连挂历上的画都是君子兰彩照。电视节目用君子兰做片头，新建公园以君子兰命名。

全民皆养兰花，满城无心于本职工作。君子兰就是财富等价物，划分着财富阶层。

据档案记载，1984 年长春范围内与君子兰相关的盗窃抢劫案有 127 起；1985 年 1 月至 5 月为 243 起，发案率有增无减。传闻，公安局局长和法院院长的君子兰都被盗了。

吉林省某机关技术员的弟弟，因贪恋哥哥家的君子兰，上门抢夺时打晕兄嫂，后将嫂子塞入炕洞，致其死亡。最终，弟弟被判死刑。该消息一度登上香港报纸，名为《嫂弟俩为一盆花双双毙命》。

躁意向整个东三省蔓延。传闻，辽宁某中型城市检察院的某检察官，听闻长春满城"绿色金条"，便纠结兄弟，全员持枪，驾越野吉普，夜奔长春。然而消息走漏，车刚出城，长春警方便接到电话，全城严阵以待，劫匪刚到养花大户门前便陷入包围。

1985 年 2 月 18 日，当地报纸刊载新闻"抢劫盗窃君子兰花惯犯姜某，以砸碎玻璃、撬门等手段，先后盗窃十七株君子兰。尤为严重的是，有一次他竟闯入汽车厂职工宿舍武某的家里，强行抢走一株成龄君子兰……法院决定从严惩处这个无耻之徒，判处姜某有期徒刑十四年，剥夺政治权利三年"。

盗花者被判十四年，有人拍手称快，但更多人深陷惘然。

在满是投机的气息中，风潮向病态演进。有民间之人集资抢购君子兰，有国营单位用公款抢购君子兰，还有人用君子兰行贿受贿。

一切在高歌猛进中摇摇欲坠。鞍山有位老工人又发出我们熟悉的疑问："为什么我工作几十年，收入比不上买卖一盆君子兰？"

他写信给鞍山市市长，怒斥："你们是要钢铁，还是要君子兰？"

君子兰在风中无言，静静地看着这些贪婪、急躁或愤怒的人们。

三

80 年代初的长春，一样经历着"特区"时刻。南方小渔村设立深圳特区的消息遥遥传来，没人能猜到特区对时代的改变。

他们也经历着知识焦虑。那时高考刚刚恢复，人们急需用知识改变命运。

他们同样经历着财富分层。身边平庸的邻居，一旦抓住一个机遇，可能就是令人艳羡的万元户。甚至，他们同样经历了限购潮。1982 年，长春市出台君子兰"限价令"，规定一盆君子兰的售价不得超过 200 元。

一年后，当地政府再发《有关君子兰交易的若干规定》，除了限价，还强调：卖花要征收8%的营业税；一次交易额超过5000元的，税率要加成，超过一万元的，还要加倍。

然而"限价令"如烈火烹油，让民间交易更加炽热。此后，随着"发展窗台经济"战略的提出，以及君子兰被命为市花，限价也被默认打开。

在多方助力下，"君子兰热"节节攀升，并向整个中国蔓延。热潮中的人们坚信，君子兰会永享尊崇，价格只涨不跌。

乐弦在高潮时崩断。1985年初夏，《吉林日报》连发数评，质疑君子兰热潮。《团结报》《天津日报》等媒体均刊发评论。

《人民日报》则以《君子兰为什么风靡长春？》为题怒问：长春市民的人均收入是多少？我们国家的人均收入有多少？花卉何以天价？直言君子兰是"虚业"。

审判在1985年6月1日到来。

长春市政府发布严令：机关、企业和事业单位不得用公款购买君子兰；各单位的领导干部养君子兰只准观赏，不准出售；在职职工和共产党员不得从事君子兰的倒买倒卖活动，对于屡教不改者要给予纪律处分，直至开除公职和党籍。

长春人将那个夏天称为"黑色之夏"，身价数万的君子兰转眼间便无人问津。

有人破产，有人入狱，有人自杀而亡。一个时代的荒诞梦境支离破碎。浑浑噩噩中，寒冬到来，成千上万的花苗被丢弃在街头，冻寒而亡。

那些在热潮中尝尽悲喜的人们，收拾好心情，成为后来的第一代中国股民。君子兰则被放在家中一角，回归素雅。

一代代90后、00后在君子兰花盆前嬉闹而过，却很少有人知道泥土下的根须中曾蕴藏了怎样的疯狂。

三十年间，荒野从无鲜事

混沌之中，不测之地。

一

1988 年的春寒从绿皮火车缝隙中侵入，杨怀定摸了摸怀中的现金，14 万元，重 16.8 斤。

一个月前，他还是上海一家工厂的仓库保管员，因被诬盗窃，一怒辞职。

赋闲在家时，他买了市面上所有能买得到的报纸，一共 73 份，并在屋内一字铺开。

黄纸铅字的报纸超越时空，拼出了一个现实版的门户网站首页。那个简陋首页的边角，藏着一道暗门。上有一条枯燥的简讯：1988 年 4 月 21 日，中国将开放国库券交易。

杨怀定读过茅盾的一部有关资本家的小说《子夜》，印象最深的感受是：凡是交易，都有花头。

很快，他发现当时各地国库券价格不一——安徽合肥国库券收盘价为 98 元，而在上海能卖到 112 元。

他从亲朋处筹款，开始两地奔波。晚上乘火车从上海出发，天亮到合肥，买完国债后，又连夜返回上海。

他随身携带的钱越来越多，江湖得名"杨百万"。当时上海银行国库券日成交额约 70 万元，他一人就占去七分之一。

暴富之后，他像时代海啸中惶恐的鱼，每夜吃四片安眠药，但依旧只能睡两小时。

他去税务局说，我是小平同志所说的"先富起来的人"，我要交税。

局长告诉他，我们早注意你了，但从事国库券交易不用交税。

他又去人民银行，主动要求接受党和国家的教育，并咨询这么做合不合法。

接待同志没有明确答复，而是反问，你觉得呢？

最后，他跑到公安局——当时上海公安开放安保业务——他以每月 600 元的工资聘请了两名公安人员当保镖。

不光为保护自己，主要是"今后真有什么状况，也能说是在人民公安的监督下做事"。

直到很多很多年后，他才得知时任央行行长的陈慕华曾说"杨百万这样的人，不是太多了，而是太少了"。

有的人成为时代的幸运儿，有的人则成为时代的祭品。

杨百万发迹的第二年，吉林人沈太福以 30 万资本成立了北京长城机电技术开发公司。数年后，他开始了一场超越时代的募资游戏。

按照游戏规则，只要投资参与该公司开发的"调速电机"，就可以获得年化率24%的收益。

那是1993年的P2P游戏。沈太福在全国设立了20个分公司，100多个分支机构，雇佣3000人，火力全开炒作。

当时，有80家媒体追踪报道，160多位老干部担任长城公司的高级顾问。不到半年，公司集资10亿。

1993年3月6日晚，在长城公司的狂欢酒会上，沈太福接到了中国人民银行发出的通报。通报措辞严厉，要求他"限期清退所筹集资金"。

23天后，沈太福在京召开中外记者会，宣布将投资者年化收益率从24%提高至48%，并宣布将状告人民银行行长，要求索赔一亿元。

1994年，沈太福因贪污罪、行贿罪，被判死刑。

所有财富缝隙，都藏在规则之外。

人们在规则外收割财富，却常常忘了身在不测之地。

二

1990年12月，上海证券交易所开业，挂牌股票只有八只。

两年后，规则放开，股票可以在当日不受限买卖，没有涨停限制，也没有跌停限制。

该规则实行当日，大盘一天就涨了105%，有一只股票一天就涨了470%。

彼时，上海还不是世界金融中心，城镇化浪潮尚未袭来，财富等级远未像现在这般固若金汤。

市井中的人们，涌入肇嘉浜路徐汇营业部，手握大哥大，排队听着收音机里的大盘走势，渴望一夜暴富。

1992 年 8 月，深圳公布了新股发售公告，数百万股民涌向那里，争抢 500 万张认购单，而中签率只有 10%。

为了提高中签率，股民四处借身份证。某日，深圳市邮局收到一个重 33 斤的包裹，里面竟装着 2800 张身份证。

8 月 8 日不到七点，连夜赶来的人们在网点外排起长队，身上还带着浓重的车厢味道。

他们拿着扇子，自备驱风油，在烈日下争吵推搡。

他们忍受着烈日和暴雨，连厕所都不敢去。黄牛把抽签表炒高了数倍，小偷穿梭其中并频频得手。

中国股市的故事以此开篇。那些挤在一起的股民，成为贯穿股市 20 余年的主角。

当年的杨百万，不再独行。许多人开始和他一起博弈这场游戏。

2004 年时，杨百万卖掉部分上海房产投入股市。他对理财产品丝毫不感兴趣，"收益率太低，百分之二到百分之三，在股市里动一次就赚到了"。

2007 年，他在股市"5·30"事件到来前成功逃离。8 月 27 日，股灾前三天，他在讲座上劝学员赶紧清仓，但大多数人不以为然。

此前，股市已突破 6000 点。有专家豪言，能突破 10000 点。

某大学会计学教授一口气买了 40 万股中石油。随后，大盘从 6124 点一路跌到 1668 点。中石油跌破 20 元，再也没回来。

国企改革之下的下岗职工，卖了房子，成为职业股民，却被大盘埋葬其中。

十年前，有人在网络社区发文称："20 年了，我们的股民依然生存在这样一个世界：盲目追涨杀跌，意识迷糊，听风是雨。"

荒野之外，规则依旧是规则，只是总会有人忘记。

三

2019 年 2 月，币圈自媒体发文分析行情，杨百万的名字再次出现。

只是，他成了被时代抛弃的例证：

"这个人曾在中国投资市场风靡了十多年，但最近几年基本上没再听到有人提起他了，其财富也几乎还停留在那个时代。"

时代翻篇儿的速度太快。绿皮火车告别了铁轨，油墨报纸告别了报摊。

打新股不用再千里南下深圳，散户们也基本告别了交易大厅。

股市大盘在 2007 年急速跌落后，曾在 2015 年再度风光无限，一度剑指 6000 点，但很快再度蛰伏。

曾经风光无限的"宁波涨停板敢死队"总舵主锒铛入狱；而在距离宁波不远的温州，炒房团则陷入战略迷茫。

曾经的炒房团"代言人""二月丫头"早已转行。面对媒体，她忧虑道，十多年间，温州人依然没有找到一个合理的投资方向，资本拿在手里，还在不断贬值。

蔓延整个夏天的暴雷声，一直坚持着这样一个规则——你身处混沌，便要承受不测。

2019 年 5 月，在"世界区块链大会三点钟峰会"现场，歌手周传雄唱起了他的成名曲《黄昏》。

大妈们在歌声中于展板前合影。她们无惧嘲笑声，更对跌势不屑一顾。

有大妈说，其实她们比金融专家更懂大势，哪怕是个骗局，只要有人接盘，就依旧有收益。

韭菜总在荒野处生长，雷声总在未知时降临。

30 年间，股市、楼市、币圈，荒野从无鲜事。

股灾中每朵浪花都有主导浪潮的错觉

那个天妒英才的经济学家，留下了最后一个预言。

一

2014年初夏，国泰君安的分析师们先后爬了泰山、嵩山、华山和衡山。每次合影时，他们都统一伸出五指，高喊"5000点"。

那时，中国股市熊市已持续五年，上证综指不过2000多点，相比五岳5000点更高不可攀。

5000点的豪言流传市面，引发一片哄笑。哄笑声中，疯狂的牛市却悄然启动。

2014年8月，媒体发文《中国需要有质量的牛市》。同月，股市杠杆上限松绑。

2014年12月5日，深交所单日交易量达到1.2万亿，相当于韩国一年的GDP。

到了年底，股市开户数达1.2亿户。大智慧超越支付宝，成为黑客攻击最多的软件。

2015年春天时，股票已是全民话题。

地铁里飘荡最多的词是"中国南车"；办公室围观最多的电脑页面是大盘走势图；身边一半朋友成为新股民；台资公司员工们看完大盘，高兴地唱起"在那桃花盛开的地方"。

有公司从九点开始切断外网，避免员工上班炒股；有公司将下午上班时间推迟到三点后，敬请员工炒完再上班。

北京某券商营业厅内，90岁的老人戴着老花镜填表，他准备投入毕生积蓄，"股市好赚钱啊，给了外孙媳一万块，一个月就翻倍"。

2015年4月16日，江湖人称"最牛散户"的赵老哥，在淘股吧论坛发帖《八年一万倍》。

1987年出生的他，以十万元入市，十年后身家超十亿。

此前，他以高杠杆大举买入"中国南车"。两周时间，该股拉出七个涨停板。业内人士推测，仅此一单，赵老哥就最少盈利五亿。

市场已疯。随便风吹草动，都能引发涨停潮。"湘鄂情"改个名字叫"中科云网"，都能连续打板。"多伦股份"更名为"匹凸匹"后，涨停了数日。

当年4月，证监会已告诫投资者不要被"卖房炒股、借钱炒股误导"，但告诫很快被淹没于疯狂的喘息声中。

有企业家将半生挣下的5亿全部砸进了股市，年初涨了一倍舍不得离场，还加了杠杆，计划"捞20亿就离场"。

这种心态没有阶层之分。一位上海程序员以45万积蓄入市，2015年5月已经赚到了93万。他给母亲打电话："赚到100万就卖光，然后用这100万买房、结婚、生子。"

一位山西民企高管已赚到 100 万，但他打算赚 1000 万给老婆和幼儿，再给老人买个楼中楼。他坚信大盘会突破 6000 点，所以决定 5800 点时再清仓。

他去打印店打印照片，发现打印店里的人都在炒股。他忽然联想到，1987 年美国股市"黑色星期一"发生前，连擦皮鞋的小孩与出租车司机都在炒股。

然而，此时已无人冷静。主导市场的是神话——直接上杠杆，几天就翻倍，几年就成亿万富翁。

6 月 9 日，"中国中车"复牌，股价从涨停到跌停。几天内，坊间传出有人在高位融资，最后爆仓自杀的消息。

6 月 26 日，中国股市迎来黑色星期五。大盘跳空低开，千股跌停。

7 月 7 日，投资圈传奇人物、《期货大作手风云录》作者刘强发布博文，说 A 股的现状让他想起了 1930 年美国大股灾。

在那场引发大萧条的灾难中，5000 万人失业，投资大师欧文·费雪倾家荡产，投机天才利弗莫尔输掉了一亿美元，饮弹自尽。

15 天后，刘强从北京国贸某高楼坠下。

那一天，上证综指以 4026.05 点收盘，大盘走势如孱弱又绝望的心电图。

二

2015 年 6 月 15 日到 7 月 2 日，沪深两市市值蒸发了 16.43 万亿，平均每天蒸发 1.17 万亿。

绿色成为刺眼的颜色。

有人扔掉家里的绿植，不再吃黄瓜，甚至不再观看 NBA 凯尔特人队比赛，因为球员的球衣是绿色的。

各券商营业厅人影寥落，买菜的大妈路过营业厅门前会刻意扭过头去。某日收盘时，有人剪断了营业厅内的电线。

那位投入 5 亿想捞到 20 亿就离场的企业家，最终账户只剩1000 万。"人也苍老了，和人喝茶的时候杯子都端不稳，茶水四溅，抽烟时手也一直在抖。浮生若梦啊。"

一位通过融资赚了 2000 多万的律师，在股灾来临前不听交易师劝阻，坚决不减仓，扛到最后账面只剩下 80 多万。

后来，打官司的客户嫌律师费贵，他直接回怼："我每天在股市里亏几十万，这几万块你还跟我讨价还价？"

有券商员工回忆，股灾之后他们全体加班，挨个儿给客户打电话安抚。电话另一端基本都是哭声，被告知不补保证金就会被强行平仓后，哭声变得更凄厉了。

有人拿公司 700 万公款配资炒股，最终血本无归，被捕时年仅 30 岁，儿子只有一岁。

有人向十多个机构借钱配资，卖车卖房后仍难还债，最后枪杀了高利贷追债者，然后在旅馆自杀。

很多人希望为股灾找一个合适的理由。

有人在网上求助：如何才能让自己的父亲不再相信 2015 年的股灾是所谓的敌对势力恶意做空所致？

有人回答：还是让他相信吧，钱已经亏了，别把可怜的自尊也丢掉。

2015 年 11 月 1 日，在宁波前往上海的高速公路上，一身白衣的徐翔被捕。这位传说中的"宁波涨停板敢死队"总舵主、民间股神，留下一张麻木的脸。

被捕前，他有个著名论断：很多股票不是股票，而是彩票。

2016 年，楼市急速升温，还在舔伤的人们迫不及待地跳入新一轮财富热浪。2015 年就这样成为往事。

2016 年儿童节，证监会对面的金融街购物中心门前，摆着雕塑熊大、熊二和光头强。

第二天，熊大、熊二被扭转方向，对准了交通银行。接着，就被连夜拆除了。

三

那场大股灾的余波，其实一直都未消散。

2018 年春节，许多人在区块链的躁动中度过。4 月，区块链币 GTC 币价一周内上涨了 400%，市值超过 10 亿。

据说，有大妈组团误买了与其名字相似的 GEM 币，一度导致后者价格翻倍。没人在意创始人、团队和技术是否靠谱，人们关注的，只有涨幅。

随后，GTC 币值暴跌 50%。那些由炒股 QQ 群进化来的微信群里，一片哀号。

围观的人们嘲笑之后散场，但同时发现投资风口正越来越少。

有一线城市的中产前往丹东买房。他们白天逛楼盘，晚上观看朝鲜姑娘的表演。

他们说，所有对未来的期许，仿佛都建立在一个缥缈的根基上。

"没人保证能大涨，但是还有什么更好的机会可投呢？"

2018 年 6 月，《21 世纪经济报道》计算各渠道五个月内的回报。以 10 万元为例，买银行理财能涨到 10.2 万，买黄金能剩 9.8 万，买北京房产能剩 9.5 万，买比特币却只能剩 4.9 万。

最终，人们将搜寻许久的目光转回股市。

有股市大 V 发文称，历史上的大熊市连续调整三四年是极限，现在已三年了，该反弹了。

然而在内忧外患中，A 股再次进入调整期。

6 月 19 日，中国人民银行行长易纲接受媒体采访时表示："我国经济基本面良好，资本市场有条件健康发展，我对此充满信心。"同时，他也提醒投资者："保持冷静，理性看待。"

已故的著名经济学家周金涛曾被誉为"周期天王"，留有金句"人生登顶靠康波"。他曾靠该理论成功预测了 2007 年的次贷危机。

他说，康波理论以 50~60 年为一个长周期，分为回升、繁荣、衰退、萧条四个阶段。

2016 年 3 月，周金涛在演讲中说，2019 年将是康波周期的最低点，或将是 60 年中最难挨的阶段。他提醒大家尽量持有流动性好的资产，现金为王。

在那场著名演讲的结尾，他预言：人生就是一场康波，谷底后，将是新轮回的开始。

炒房客在冰山下开凿前进

冰上烽火连城，冰下卷土重来。

一

辽宁小城丹东，全年平均气温为9℃，这里曾获选"全国十大养老胜地"，但迁居于此的老人其实并不多。

和东北那些风化的城市相似，过去十年，丹东在时光中踟蹰前行。当地政府建了新区，沿江高楼林立，可基本没什么住户。

江景只余寂寥。大片荒芜的田野，入夜便深陷黑暗。

2015年，丹东房价降幅还高居全国第二。然而2018年3月25日，随着朝鲜最高领导人对中国的一次闪电式访问，丹东陡然而热，天南海北的来客蜂拥而至。

丹东楼市从均价每平方米3000多元起飞，价格从三天一调变成一天一调。"五一"假期后，一度每半天每平方米上涨500元。

售楼小姐声音沙哑；房产中介手机滚烫；身怀巨资的温州炒房团拥上丹东街头，走路带风。

有浙江老板随性而来，一下飞机就买了四套江景别墅，说："就当是来旅游买土特产了。"

他们从三亚来，他们从雄安来，他们刚铩羽而归，他们已蓄势良久。整座城市被同调共振，跟随他们一起，发出灼热的喘息。

他们认为奇迹正在发生——南有深圳，北有丹东。

过往十年，这些炒房客秉承一个信条——中国房价只涨不跌。

然而他们的身影被冻结于2018年5月。彼时，丹东出台了多项限购政策。

他们开始寻找限购空白的小城。媒体披露过一个民间炒房团的运作流程：十个老板，每人出资2000万，共集资两亿，精选一个小城后潜伏入驻，择机一举买下该小城二手房三分之一的存量。

此后，他们便控制了小城的房价。只要他们抬价，其他卖家也会跟风涨价。

九个月，小城房价涨了两倍，个别楼盘翻了三倍。他们净赚两亿，又开始寻找下一城。

"炒房要的是够准、够快、够狠，这无异于刀口舔血，狠赚一把就要离场，寻找下一城。"

新一代炒房客喜欢房价较低、监管宽松，最好有概念支撑的二三线城市，比如丹东概念便源于邻国改革开放的风声。

有时候，概念也不重要，比如沈阳的房价自2017年上半年起一直稳步上涨，炒房客聚集的理由只是"轮也该轮到沈阳了"。

而哈尔滨的房价从2018年到2019年已连涨12个月。谁说投资不出山海关？只要有空间，哪里都是炒房客的疆土。

他们在冰山下开凿前进，在锁链间闪转腾挪，就算有一寸空隙，也能掀起十成热浪。

2018年5月16日，朝鲜宣布中止北南高级别会谈，商量好的朝美会谈也要三思而行。

消息传到丹东，大多炒房客不为所动。此前，金华一位老板花近两亿买下一整栋楼。他已放出话去："不翻三倍，绝不出手。"

更多受访炒房客说，这个反转来得正好，降下温，才能低位入场。

而对于那些陷入房产狂想的人而言，任何不利言论，他们都是听不到的。

你和他们说房价走势的波诡云谲，他们只会说：马冬什么？什么冬梅？马什么梅？

二

炒房客在冰山下开凿前进，寻隙而入；而在冰山之上，一场热浪正席卷全国。

就在丹东隔岸风向逆转的同一天，5月16日，天津发布了人才新政：本科生40岁以下，硕士45岁以下，博士不受年龄限制，可直接落户天津。

不用在天津工作，不用居住证，不用缴社保，仅凭年龄和学历学位证，就能落户。

天津到北京，高铁不过34分钟。对于众多年轻北漂，一个直辖市的身份充满了诱惑。

新政宣布仅 20 个小时，已有 30 万人在线办理落户申请。

这只是抢人大战中的一幕。2018 年至今，全国 20 多座城市推出新政，吸引年轻人落户。

2017 年，西安出台史上最宽松户籍政策，学历落户只需要身份证和毕业证。武汉和成都也宣布本科生即可落户。呼和浩特、沈阳、南昌等地则将学历门槛放宽至中专。

杭州宣布给落户的硕士和海归人才一次性生活补贴两万元到三万元。郑州宣布，符合条件的博士、硕士和本科生，在郑州首次购房时可分别享受补贴十万元、五万元和两万元。

武汉的落户政策更有吸引力——"争取让落户大学生以低于市价 20% 的价格买到房子"。

2019 年毕业季，南京宣布外地毕业生来南京面试，每人可领1000 元，而且还能申请三天到五天的免费住宿。

抢人大战已初现战果：2017 年，深圳常住户籍人口新增50.2 万，成都新增户籍人口 36.43 万，西安户籍人口新增 20.15 万，杭州和南京也分别有 17 多万人落户。

同时，北京和上海常住人口 40 年来首度减少。

参照美国的经验，人才持续流入才能保证稳定的地产需求。中国二三线城市已意识到，只有涌入年轻人，城市才有未来。

在各地抢人政策中，均有相似的房产条款，比如落户人才购房时首套不限购。

有人担忧，这不光会吸引年轻人才，也会吸引冰下的炒房客。

在杭州和成都，户籍人口的增加引发了购房热潮，出现了数万人摇号抢房的火爆场面。而天津公布落户新政后，炒房客已闻风而动。

当没有热点时，人就是最大的热点。

在电影《天下无贼》中，黎叔在时代晃荡的喧哗声中老辣预言："21 世纪什么最贵？人才！"

三

2018 年 5 月，住建部约谈 12 座城市负责人，这些城市分别是成都、太原、西安、海口、三亚、长春、哈尔滨、昆明、大连、贵阳、徐州、佛山。

这些城市的房价均在涨幅榜前列。有的城市推出了人才新政，冰上燃火；有的城市则被炒房客重点关注，冰下凿山。

在约见成都、太原两市相关负责人时，住建部再次强调，要坚持房地产调控目标不动摇、力度不放松。

这才是这个时代楼市的主线。

每一年的房价走势都让国人牵肠挂肚。即便时代主线如此鲜明，但不同人群总有不同心思。

冰山下的炒房客，坚信房价还将暴涨，眼前不过是洼地，正是投资节点；冰山中的住客，认为调控严格，房价走势趋于稳定，并将长期横盘；冰山上的新人，面对二三线城市火爆的楼市，欢呼雀跃或者心生焦虑。

每一种心态都带来对房价走势的不同解读，从而通向不同的未来。

杀龙青年已长出龙鳞，割过数茬的韭菜又一次随风摇摆。你选的路，决定你的未来。

对于冰山而言，山上失控的热火、山下疯狂的凿客都是不安全因素，没人能承担冰山瓦解的代价。

有学者建议，各地吸引人才时，应推出专门人才住房，并限制买卖，避免助推房产热浪。

对于炒房客来说，他们生命中的每一刻，都有雪崩的风险。

2018年4月22日，海南限购，全省房产经纪人踉跄远走北海和昆明。

总计7000亿烧房资金被套，无数投机者被封入冰雕，等待漫长解冻期的到来。

我能理解热钱找不到出口的焦躁，也相信他们对未来做过精密研判，但他们的天条准则实在该添加一条，而且该添在"中国房价只涨不跌"的前面——"房子是用来住的，不是用来炒的"。

南亚时光机

投资的狂潮正在逐步升温。你错过的所有风口，可能还会有一次重来的机会。

一

紫色尾翼的柬埔寨航空客机，从北京起飞，冲破雾霾，飞向3312公里外的金边。

从飞机上俯瞰，能看到湄公河浊黄的江水，江边的弯月小岛，以及岛上鳞次栉比的楼宇。

那座小岛名叫钻石岛。当地人相信，那里会成为柬埔寨的湾区，将如旧金山海岸般灯火阑珊。

走出金边机场，熟悉的感觉会瞬间将你包裹。

眼前的电线杆、摩托车、广告牌及空气中似曾相识的躁意，总让人神情恍惚。它们似乎表达着：这里是时光机的起点，欢迎重回20世纪90年代。

白天的金边像座巨大的赛场，滤掉了那些为吴哥窟而来的游客。金边街头，到处都是行色匆匆的年轻人。

他们不爱踱步，偏爱小跑。一座奔跑的城市，像极了 20 世纪 90 年代的深圳，只差一张小平挥手的巨幅画像，和那句"时间就是金钱"的口号。

入夜，金边又很快回到 2018 年。咖啡厅音乐舒缓，酒吧街灯影迷乱，赌场门外壮汉嬉笑高歌。

喧嚣就是最好的浓妆。此刻的金边与欧洲不夜城并无差别。

对于南下的中国人而言，这座会穿越的城市密布着无数机遇，而且是无数在中国发生过的机遇。

柬埔寨约有 1576 万人，其中 70% 者年龄在 34 岁以下，国民平均年龄 27.8 岁。

最近 15 年，柬埔寨经济一直保持着 7% 以上的高速增长率，网络普及率超 70%。年轻一代能熟练上网，并有着持续增长的消费需求。

这意味着房地产、电商似乎都沿着中国 90 年代至今的轨迹重行。

来自中国的冒险者们，开始涌入这个古老的国度。谁知道这里面有多少未来的王石或马云。

2017 年，金边到中国的航线，每月就要增加一条。

这一年，这座城市新建了 2499 栋住宅楼。

那些楼盘工地的围墙上，贴上了最大字号的中文广告，却没有柬埔寨文字。

金边黄金地段的房价，已超每平方米两万元人民币，价格仍在飞涨。

华人海哥说，从前，中国力量在这里的标志是路桥和水电站，以及一辆辆油罐车。柬埔寨似乎就是20世纪80年代的中国。然而，从80年代到90年代，恍如一夜之间；从90年代到千禧年，如弹指一挥间。

在柬埔寨生活多年，海哥投资了多家酒店，近年来也会帮人推荐房源。

两年前，一位购房者在微信上与他聊了几句后，直接汇给他几千美元定金，但他拒绝去金边看房。"我过去看两三天，会比你看两三年更好么？"

如今，他买的那套房产已升值60%。

海哥接触的中国买家，多是来自长三角地区的律师、大学教授或金融从业者，说话温和有礼。

"大家观点差不多，都是积蓄不足以支撑在中国大城市进行房产投资，而股市也难见希望。"

投资的狂潮正在逐步升温。

在我们眼中，柬埔寨只是吴哥窟的衰草和残阳，但在机遇捕猎者眼中，这里有道缝隙通往那个疯狂的20世纪90年代。

二

在东南亚，最吸引中国人的购房地，是佛系泰国。

那些在90年代和千禧年错失购房机遇的人，似乎还有最后的机会可以弥补。

2016 年，泰国度假胜地芭堤雅，房价为每平方米 1.8~2 万元人民币。一套 800 万的北京学区房，可以换这里 20 套面积约 20 平方米的海景小公寓。

来自中国的看房团，开始成群结队地出现在芭堤雅的银沙滩上。他们听完价格后，多出手狠辣，笑中带悲。

泰国人不能理解那笑容中的解恨和释怀，只知道中国人买房如砍瓜切菜，豪气干云。

来自广东同一小区的 20 多位业主，在芭堤雅同一小区内各自买了一套公寓，为的是同气连枝，有个照应。

还有位广州白领，一人买了八套房。"200 万在广州买房，位置肯定不好，每月租金也就 3500 元，同样的钱在芭堤雅能买八套公寓，且租金更高。"

有位中国妈妈在泰国买了四套公寓，然后靠租金生活。"这些钱足够在清迈租一栋别墅，还能支付孩子的学费和我们的生活费。"

这些泰国新房东们计算过，在曼谷购买公寓，租金回报率最低也有 6%，不考虑房价飞涨的收益，靠租金 18 年即可收回成本。

而同样的投资，在北京、上海、深圳购买房产，收回成本则需 50 多年。

除却财务收益，佛系的泰国还藏着我们在奔跑中丢失的慢节奏，这让其充满魅力。

一位浙江的大学教授，卖掉杭州房产，出清所有股票，把手中全部人民币换成美元，专门花了一个月去泰国的二线城市看房。

他将那里视作一个没有"吓人资产泡沫"的养老之所。

有位旅行作家行走 40 国，曾坐着一个曼谷小贩的双轮摩托，于凌晨两点钟穿越幽密丛林看房。因担心遭遇不测，一路颠簸中，他都开着手机直播。

在亲历了国内多轮房价暴涨后，他更倾向于在南亚投资。"我宁愿拿北京房价的几分之一，去泰国买更舒适的房子。"

不久后他便在曼谷和芭堤雅拥有了带泳池的公寓。

他时常会从北京飞去泰国的家。他说，那里拥有不亚于三亚的阳光、空气和碧波。

三

在我们脑海中，陈旧信息总会筑成高墙，遮挡外边的世界。

许多国人对越南的印象，还停留于偷渡到中国的越南新娘。

胆怯的新娘扯着衣角，她背后的阴影中是无尽的大山和贫瘠的村庄。

而那些去越南旅游过的人，记住的也多是片段海岸线和摩托车洪流。

事实上，越南正成为全世界投资者最看重的舞台。

三星、LG、微软、松下、NIKE 等 500 强企业，已将生产链大量转移到越南；阿里、腾讯、百度、华为、小米正分秒必争布局越南。

2017 年前九个月，越南吸引外资达 235 亿美元，同比增长 34.4%。

2017 年 11 月，特朗普称赞越南的经济变化"令人惊叹"，"是世界最大奇迹之一"。

越南人口已超过 9400 万，其国民平均年龄不到 30 岁。

这些年轻的国民，听中国歌曲，看中国综艺，靠字幕追《甄嬛传》《芈月传》，并沉迷于中国玄幻和耽美小说。

他们对中国的感情复杂而敏感，同时疯狂地模仿中国。他们正在高效复制中国的改革之路，并自认为会走得更远。

整个越南，现在如同一个巨大的工地，无数钢筋扎入泥土，无数货车奔于公路。城市的固有框架已被打破，没有边界。

以胡志明市为例，这座面积约 2000 平方公里的城市，集中了全国近 13% 的人口。主城区已无可用空地，正飞速建设新区。

胡志明市的新区规划与上海极其相似，当地人直言不讳地说这是要建一个"我们的陆家嘴"。

来自中国的投资者们站在高处，已在虚空中画出了未来的三环、四环、五环，并开始推断各环房价。

河内每平方米 7000 元的房价，让炒房客狂热；越南股市重回巅峰，让投资者动容。

越南的"滴滴"、越南的"头条"、越南的"美团"才刚刚开始。

这些故事中有熟悉的段落，也有未知的陷阱。

世界仍活在他的预言之中

"从前，人们都研究过去，阐明现在，而我将翻转时间之镜，研究未来，看清今天。"

一

1983 年 1 月的一个冬夜，北京风急雪冷，但仍有许多人骑车数里，赶往金融街政协礼堂。

他们多为科研人员或政策顾问，然而那一夜，他们注定是一群目瞪口呆的观众。

礼堂正中摆着一台电视，旁边站着美国作家阿尔文托夫勒。电视即将播放他的纪录片《第三次浪潮》。

文明在小屏幕上飞速演进。一万年前农业革命开启，三百年前工业革命到来，而怒海般的电脑、蛟龙般的缆线正交织出一个新世界。

台下的人们有种穿越历史的错觉。放映结束，他们如涨潮般扑向台前。有人焦急发问："我们是不是已经错过了？我们还能赶上么？"托夫勒开始回答。

他和提问者都没料到，这一夜将深刻改变中国。

托夫勒出生于美国纽约，父母都是波兰移民。

他出生的 1928 年，美国经济大萧条即将拉开序幕。他十岁时就被迫去洗衣店打工。

但他很快找到了独特的爱好——将胡乱纠缠的衣袖分开，无论那些结有多复杂。

大学时他学习文学，毕业后却在工业重镇克利夫兰当了一名流水线工人。他渴望观察真实的世界。

五年间，他当过焊工、冲床工、装配工和驾驶员，曾在流水线上救过压断手指的女工，自己也被钢筋砸断过肋骨。此后他还从军一年，只为亲历战争。

流水线的冰冷和战场的阴霾，恰如工业浪潮的苍凉余韵。他预感，时代即将翻页。

退役后，他转做记者。杂志《工业与焊接》的编辑问他："我知道你会焊接，可你会写么？"

很快，媒体圈就知道他有多能写。他从《工业与焊接》《劳工日报》一路写到《财富》，最后成为副主编。

节点在 1960 年到来。他前往 IBM 调研，深入了解计算机。那些高大森冷的黑色机器，如同蓄势的火山。

此后，他深入研究信息科技，成为多个国际机构的顾问。世界换了经纬，在他面前重新铺开。

1965 年，他发表文章，创造新词"未来冲击"，描述一个时代在极短时间内遭遇巨变。

他因此名声大噪。

此后五年，他调研多个研究所、实验室和政府机关，并于1970 年出书《未来的冲击》。

在书的开篇，他写道："从前，人们都研究过去，阐明现在，而我将翻转时间之镜，研究未来，看清今天。"

这本书被翻译成 50 多种语言，发行量达 800 万册，催生了美国在线和 CNN，被誉为"改变时代之作"。

1980 年，他出版了《第三次浪潮》，提前数十年预言了克隆、大数据、消费主义和在家办公。

那一年，乔布斯和比尔·盖茨刚刚 25 岁，贝佐斯才 16 岁。他们翻开书，听到了雷声。

一年后，中国社科院研究员董乐山旅美时，所有朋友都向他疯狂推荐这本书。归国后，他在杂志《读书》上撰文点评。

因果的细线开始连接托夫勒与东方。中国某协会邀请他来华访问，他欣然前往。

那里是他好奇的未知之地，也是浪潮将至之处。

二

1983 年，托夫勒游历了北京和上海，其演讲受到极大欢迎。时任中国科协主席的周培源和上海市市长汪道涵，都与他进行了会面。

托夫勒在上海做内部讲座后，有学者向他提出，可否将演讲录像带拷贝，配上中文字幕，在内部传看。托夫勒同意了。

然而，内部传看的限制很快被打破。该纪录片仅在上海就放映了176场，观看者超23万人次，放映礼堂天天门庭若市。

最后，该录像带被传遍全国各省市，成为当时"政治学习必看的片子"。

当年3月，三联书店以"内部发行"的名义出版了《第三次浪潮》，首印3000册。

新书供不应求，一度只有凭介绍信才能购买两册。

当年年底，《第三次浪潮》加印十万册。此后数年，发行了数百万册，成为除《邓小平文选》外最畅销的书籍。

中国大地燃起"托夫勒热"。学者雷颐曾回忆，一下子就像火山迸发一样，人人都在谈这本书。

1985年，中青报记者去济南军区采访，发现将军的案头也摆放着这本书。同年，媒体调查显示，78.6%的大学生都读过此书。

北京大学哲学系副教授刘华杰说："我和同学们把他看作神人和大预言家。大家觉得，不读托夫勒的书就掉队了，赶不上时代了。"

在复旦大学宿舍内，吴晓波说，他读完这本书时满心惊悚，仿佛被作者一脚踢进莫测的未来之海。

他把托夫勒的话抄在日记本扉页——"唯一可以确定的是，明天会使我们所有人大吃一惊。"

《人民日报》一年间提了上百次"新技术革命"。

1986 年，四名科学家给邓小平写信，再谈"第三次浪潮"，最终导致"863 计划"的诞生。

整个 80 年代，"第三次浪潮"成为时代热词，各行各业言必称"浪潮"。

刚挣脱灰色年代的中国，迫不及待地拥抱未来。

有人评价，托夫勒没给中国带来直接财富，但给了人们一个梦想和实现梦想的方法。

多年后，已是中国网通公司总裁的田溯宁仍会兴奋地讲他第一次读《第三次浪潮》后的彻夜未眠。

书中最后一句话"就像革命的先辈一样，我们的使命注定是创造未来"，是一代人的座右铭。

直到 1985 年，在飞往巴黎的飞机上，托夫勒翻阅法国《快报》时，才知道他的书在中国已成为畅销书。

此后，他曾八次前往中国。当时总有人和他说，自己曾走了好远的路去看那部纪录片。

"这么多年过去了，他们仍然会对我说：'你改变了中国。'"

80 年代末，托夫勒在洛杉矶老社区买了一栋房子。房子里铺着白色地毯，有一扇大落地窗。

他常站在窗前看日升日落，看外面的时代按照他的推演前进。

三

2000 年后，中国中学历史教材开始按照托夫勒的分类，将人类发展史分为农业文明、工业文明和信息社会。2006 年，央媒将他评入"改变中国的 50 个外国人"。阿里研究院高级顾问梁春晓曾说，没有托夫勒启蒙，中国何谈互联网。

90 年代后期，因女儿病重，他和妻子长期忙于病房之中，写书渐缓。病房外的世界，不断加速，绝尘而去。

直到特朗普上台，有人才翻出他的旧作《权力的转移》。这本由中央党校出版社于 1991 年出版的书，第 31 页写道："像唐纳德·特朗普……或者已被安排提名为美利坚合众国总统的潜在候选人。"

年轻一代惊为天人，再次将托夫勒封为"预言大师"。

然而，托夫勒却从不认可自己写的是预言。他说，只有电视上的占星师才会预言，记者不能幻想，只能记录已发生的事，而未来就在现在之中。

2006 年，他出版了他人生的最后一本书《财富的革命》。

他在书中担忧病毒的蔓延，担忧经济的萧条，更担忧看似繁华稳定的全球化面临解体的风险，"这世界正摇摇欲坠"。

然而，浪潮中的人们嬉闹忙碌，少有人注意到未来学家的声音。

2016 年夏天，在洛杉矶的老宅中，托夫勒在睡眠中辞世。

在中国，相关报道仅有寥寥几条，并被淹没在各种媒体信息中。其中一篇报道的文尾写道："从某种意义上说，世界失去托夫勒，将是一个无可挽回的损失。因为他是独特的、唯一的、不可复制的。世界需要托夫勒，比需要十个百个政客、科幻作家、好莱坞大导演，还要迫切得多。"

新冠疫情蔓延后，又一个节点时刻到来。

欧洲召集了 12 名未来学家，预判世界的走向。多日闭门会议后，未来学家们各有结论。

有人称，全球供应链将退化，各国将更自私保守；有人称，大数据监控将引发窒息时代；有人称，21 世纪初的全球化盛景将一去不返。

他们唯一的共同点是都用了"未来冲击"这个词。一代人将在极短时间内承受极大变化。

世间已无托夫勒，而世界又回到了他预言之初的模样。

在那本《第三次浪潮》的前言第一段，他写道："我们每天翻开报纸，头条新闻令人触目惊心：恐怖分子挟持人质，大玩死亡游戏；谣传第三次世界大战即将爆发，货币市场风声鹤唳；大使馆火光冲天，冲锋队四处救援；最能表现人心向背的黄金价格创历史新高；银行业摇摇欲坠；通货膨胀犹如脱缰野马；各国政府运作陷于瘫痪，无计可施。"

同样在前言中，他说："所有乱象都指向一个新时代，悲观无用，不如思考蓝图，闯过布满暗礁的海。"

别做金色之梦

更多人选择回归理性。这是欲望退潮后，世界本来的模样。

一

20世纪80年代，张召忠初到美国，去路边店买纪念品，听到旁边的日本观光团在商量："这大楼不错，咱们买下来吧。"

张召忠听得耿耿于怀，多年后还在某节目中吐槽"'日本大妈'太狂热"。

1989年，"欧巴桑大队"成为日本年度流行词。当年的假期，每天都有四万名"日本大妈"飞奔海外。

她们烫卷发，踩人字拖，到处疯抢名包和香水，旁若无人地插队喧哗。

她们无视禁烟标识，随意触摸博物馆藏品，还在教堂圣象前摆出V字手势。

梵蒂冈圣彼得大教堂出台了一条针对日本游客的"静肃令"，欧美媒体发文《素质低下的日本游客激增》。

无奈之下，日本外务省制作了国外不文明行为警示视频，并在飞机上反复播放。

但没什么用，机场流行歌曲被高声播放："无敌的国民性不可一世，钱，有的是。"

从1987年到1991年，日本经济连续51个月激增。消费声浪汇成洪钟大吕，无时无刻不轰鸣作响。

日本政府于1989年推出了消费税，但丝毫没能阻止人们花钱的欲望。

经济排名倒数的宫崎县，斥资2000多亿日元，建起了世界最大的室内沙滩，哪怕三公里外便是真实海滩。

渔业大户千叶县，举债修建全球最顶级的室内滑雪场，哪怕当地无雪无山。

没人愁客源。日本总人口约一亿，但全年滑雪人次却突破三亿，很多人专挑夏天滑雪。没人租装备，自购最低配装备也要花费十万日元。

全民运动项目还包括高尔夫运动。连公司小职员都在办高尔夫会员卡。因很多会员嫌开车往返辛苦，还催生了汽车代驾乃至直升机服务。

有厂商推出镶钻球杆三件套，售价为一亿日元，然而三天内650套球杆便全部售罄。

比镶钻球杆更贵的是一款纯金球杆，名曰"金色之梦"。

金色之梦仿佛悠长无期。几年间，日本经济已仅次于美国。

戴安娜王妃数次访日。面对身材矮小的天皇，身高1.79米的她费力屈膝行礼。

十万民众涌上街头围观戴安娜王妃。全日本女孩都在抢购王妃同款波尔卡圆裙与垫肩夹克。

那几年，日本人过一个平安夜至少要花 40 万日元。卡地亚经典戒指、蒂芙尼心形钻坠和东京赤坂王子酒店，是平安夜标配礼物。

大学生们热衷贷款买车，哪怕利息高达 50%。

办理银行信用卡的礼品，从奶粉、玩具，一路升级为商场礼品券与高档化妆品。

日本第一批月光族诞生了。每个年轻人平均手持六张信用卡，全国个人金融消费暴增至 1.7 兆日元。

外面的世界乌云聚拢，内心的欲望潮声澎湃。

在风暴到来前，欲望已经决堤。

二

风暴过境后，内心的欲望也干涸了。

巴黎街头不见了扫货的日本客；高档餐厅只剩下政府订单；室内滑雪场的客流量骤减一半，票价降到三分之一也无济于事。

没了金主，银座夜总会每晚二十四点准时打烊。残存的高尔夫爱好者只能在家挥杆。1997 年，《大众高尔夫》游戏卖出了213 万套。

"清贫"成为全社会的热词。日本作家中野孝次在《清贫思想》

中反思：物欲横流的日本，错就错在忘记了"节约才是美德"。

泡沫破裂第一年，日本百元店"大创"开业，随后以每天两家的速度扩张。

尾货超市"唐吉诃德"迅速崛起。人们爱它，因为那里的商品"便宜得像白捡一样"。

日本优衣库创始人柳井正曾漫步纽约街头，发现美国人穿着随便，几乎没有人穿名牌。他悟到，性价比与舒适度才是后工业化时代里常人的消费追求。

当日本进入经济萧条期后，平价休闲、低价高质的衣服成了大众心中的消费取向。优衣库正是顺应了这一潮流，定位于平价休闲服，大受欢迎，实现井喷式增长。

繁华坍塌之后，村上春树迷上了去二手店淘旧T恤。

一次，他在夏威夷用一美元淘到一件印有"托尼瀑谷"字样的T恤。此后，他灵感爆发，写出短篇小说《托尼瀑谷》。

小说中，女主痴迷去巴黎和米兰扫货，衣柜内的名牌衣服即便她一天两换，全穿完也要两年。

一次，她开车去退一款名牌连衣裙，一路恋恋不舍、神情恍惚，导致出了车祸。

她的丈夫为她办完葬礼后，把她所有的名牌衣服都变卖一空。

后来这部小说大获成功。

村上春树的那件二手T恤的原主人是一位美国议员，他找上门想请村上春树打一场高尔夫球。

村上春树拒绝道："我这辈子最烦高尔夫球。"

三

经历了潮起潮落，日本人在消费面前已心静如水。

一位出身豪门的女作家翻修了外婆用过的爱马仕包，男友请她去家里做饭，她索性用爱马仕装萝卜和大米。

婚后，她去哪儿都提着这包。她说，仿佛提着的是遥远的过去与未来。

20 世纪 90 年代初，尚有人撕掉优衣库的包装，换上外国大牌购物袋。但几年后，无 Logo、无价签的无印良品就已席卷日本。

从 2008 年开始，日本奢侈品的市场增长率连年为负。

IT 精英穿着 99 元的短袖，在发布会上侃侃而谈。

NHK 主持一姐同样去 711 购物。顾客各买各的，没人跟她要签名。

每天操控数千亿日元的基金操盘手藤原敬之，晚餐时也是去吉野家吃牛肉盖饭。2013 年，他写了本书叫《花钱的修养》。他说，消费如修禅，色即是空，空即是色。

美学专家松浦弥太郎四处推荐书籍《Cheap Chic》（《廉价时尚》），号召人们用很少的钱穿出品质感。

当年他在美国初见此书，对书名中的"cheap"困惑不解。彼时，日本正流行大牌，而美国人在追逐牛仔裤与帆布鞋。

多年后他才明白，在普遍富裕的社会，攀比已无意义，商品终究要回归于使用的本质。

日本经济的崩溃，已足够让各国警醒。而消费欲望的涨退，则是更宝贵的警示。

某些日本人的消费往事，如今正映射着中国。

过去十余年间，中国的高楼大厦拔地而起，交通基建如火如荼。欧美惊叹中国互联网发展一日千里，亦惊叹一些中国人的扫货狂热。

人们奔走在繁华之中，野心太多，欲望太沉，以至焦躁不安。

几年前，有些中国年轻人也如当年的日本人，热衷于过度透支信用卡，成为月光族甚至月欠族。这几年，狂热正在褪去，年轻人已开始回归理性消费。

茶余饭后，已少闻大妈疯抢奢侈品逸事。商场里灯光明亮的奢侈品店前，人们选择匆匆走过。

更多人选择回归理性。这是欲望退潮后，世界本来的模样。

和日本当年出现优衣库与无印良品的逻辑类似，我们生活的世界正经历着一场从物质到规则的变革。

有学者称，世界已步入第四消费社会，人口减少与老龄化是大势所趋，人们的消费观将趋于朴素和实用。

我们是幸运的，彻夜狂欢的长夜已经过去，后来者有更多的思考时间。

愿金色之梦永不再来。

那碗黄粱饭，才是过冬的保证

那些看似浮华的东西，不再等同于高级。

一

商业故事成败背后，难免会有大众情绪的起伏。亢奋时，举目都是传奇；冷静后，处处可见泡沫。

大众情绪第一次亢奋，始于 20 世纪八九十年代。商品大潮如决堤般涌来，裹挟着兴奋又难安的人们。

雀巢咖啡打出广告"味道好极了"，于是上海居民一年喝掉了 500 吨速溶咖啡。

肯德基在北京开了第一家店，雪夜长队堵断了前门大街。数月后，有人兴奋地包下这家肯德基店举办婚礼。

北京王府井百货商场每日开门之际，冲入的顾客如脱缰的野马，任何新上市的商品都被抢购一空。不得已，商场给所有柜台安装了钢管围栏。

在广州，中国第一批超市已开始使用透明包装。此前，好奇的人们撕掉了人头马、万宝路甚至洗衣粉的包装，只为看看这些传说中的商品的模样。

浪潮之中，一款名为"章光101"的生发水，被圈点为时代爆款。

90年代初，坊间传言"去北京有三件事：爬长城、吃烤鸭、治秃子"。

这款药水，最后漂洋过海被卖到日本，引发全民排队。两名旅日年轻人从中看到了商机。

一人叫周正毅，日后成为上海首富。一人叫李晓华，日后成为雄踞90年代的北京富豪。

90年代初，发明生发水的赵章光身家过亿，位居福布斯中国富豪榜第八，而卖生发水的李晓华排名第二。

1992年，北京亚运村举办车展，第一次向国人展示法拉利跑车。厂商原计划只是展示，预计没人买得起。但李晓华赶到后以13.88万美元买下了那辆法拉利，并申请了"京A00001"专用牌照。

法拉利奔驰在长安街上，李晓华风衣墨镜。

法国《费加罗报》记者拍下了那个瞬间，借此介绍新时代的中国。随后，世界哗然，外媒称李晓华为"法拉利先生"。

时代如跑车般冲刺轰鸣。亢奋的人们追求的价值，常在商品之外。

李晓华买跑车那年，长沙举办了大哥大吉祥号码拍卖会。

号码"9000001"和"9008888"最终以21万和30万元落锤。

当年一部大哥大的售价是25000元，入网费是6000元，这些费用足够在长沙购买一套60平方米的房子。

参加拍卖会的老板，嫌弃到手的大哥大不如港片中气派，特意又加上三块黑厚的电池。他的名片上，用烫金字印上了大哥大号码，比姓名还大一圈。

那是一个崇尚"8"的时代，也是一个狂放的时代。所有的买卖，都带着欲望的影子。

二

亢奋过度，总会引发眩晕，奢侈品仿佛打开了新世界的大门。

1999 年，杭州大厦总经理童民强坐在香港奢侈品店门外苦等两个小时，想邀请对方入驻。

得知要与雅戈尔等品牌同处，对方冷淡回答：老板出差，不知归期。

然而到了 2003 年，LV、Dior、Celine、Fendi 等十多个大品牌主动登门，恳求入驻杭州大厦。LV 还创下了全球最快开店纪录。

日后成为风波主角的 D&G，也在同期抢滩中国。它曾颇受一些富豪青睐，因为品牌英文名看起来像"大哥"的拼音缩写，穿在身上引人侧目。

一瓶 1982 年的拉菲，三年间售价从 600 元飙至 10 万元。2008 年金融危机后，拉菲酒庄为迎合某些土豪，在标签数字中加上了象征吉利的"8"。他们坚信，有些顾客的风格是"只买贵的，不买对的"。

其实大部分人对拉菲的了解，仅来自电影《赌神》中周润发的那句"来瓶八二年的拉菲"。

品酒大师嘲讽拉菲的口感很干，与酸甜辛辣的中餐搭配是场酷刑。

在北京马连道，数年间，茶叶包装从铁木一路进化到玉瓷，拍卖会上频出超十万元的茶王。

一位茶商说，懂茶的人并不多，"买家往往看重包装，对茶叶品性反而不在乎。"

华丽的包装，裹着变形的诱惑。

2012 年，一名安徽男孩为买一部苹果手机，在网上发帖卖肾，经黑中介非法手术后，造成了三级伤残。

有媒体称，一些不正确的消费观正在中国盛行。

三

幻梦总会清醒。当狂热消退，消费开始回归理性。那些看似浮华的东西，不再等同于高级。

几年前，曾有人出价两亿，购买李晓华手中的第一辆法拉利，但他拒绝了。

他把车子尘封在地下车库，盖上红色遮布。他说，那只是一辆旧车。

人们松开紧踩的油门，停下狂奔的脚步。

2013 年，瑞士钟表在中国的销量下滑了 15%；2014 年，东北第一家 LV 专卖店悄然关闭。

在这之前的 2012 年，华北最大的葡萄酒商城撤掉了半数商家，留下的商户在门上贴着"128 元两瓶"的促销广告。

八二年的拉菲,售价早已从十万元腰斩。

三里屯与王府井的奢侈品店,罕见地推出打折专区。曾经面孔高冷的店员如今殷勤揽客,但驻足者屈指可数。

年轻人依然热衷于去日本旅游,却不再争抢电饭锅与马桶盖,而是在商店里精挑细选,对着手机比价。

他们在本子上定下节流计划,攒钱数月,只为一睹京都的樱花。

人们不再只买 30 多元一杯的星巴克,转而用手机下单优惠更多的外卖咖啡。

人们不再迷信时尚杂志的推荐,而是全网搜索性价比高的化妆品。口碑爆棚的产品常一夜脱销。

人们不再追求国际大牌的豪奢,而更看重网购衣物的面料。优衣库店内,人流如潮。

2018 年 12 月,唯品会与腾讯新闻《原子智库》联合发布《中国家庭精明消费报告》。该报告的数据显示,消费者正在集体回归理性,一二线追求"买得精、买得少、买得好",三四线则开始享受"好货不贵"。

在经历了时代的轮回后,大众情绪已从亢奋重回理性。

黄粱梦再好也是虚幻。那碗填满的黄粱饭,才是过冬的保证。

胜天半子

前方深海，请加固船身。

一

1920 年，经济学家康德拉季耶夫游历欧美后，总结出一条神奇的曲线。

他收集各国过往百年来的各类数据，从更高纬度观察这个世界的兴衰。

战争的阴霾、大厦的幻影、命运的云雾，消散一角。世界似乎露出更深一层的脉络。

过往百年的跌宕，都随他的曲线起伏。一切皆有定数。

他去世后，继承者将他的发现称为"康波"。

在康波理论中，这世界以 50 年左右为周期波动，繁荣连接着衰退，衰退推演出萧条，萧条至谷底又迎来回升。

此后 90 余年，世界的命运仿佛都锁在康波之上。万事有迹可循，又顺理成章。

中国证券专家周金涛是康波的忠实拥趸，热衷于推广康波理论，并自封"尼古拉斯·金涛"。

2016年，他用康波曲线丈量过去20年，发现世界一直在按规律运行。

周金涛说，我们正身处于1982年开启的第五次康波中。

康波开启头十年，是大宗商品牛市。在中国，对应的大宗商品即煤炭。

山西的村道上，无数卡车排成长龙，卷起90年代的烟尘。煤老板的大奔如黑金般闪亮，后备厢内装满现金。他们是那个定数中的宠儿。

从2001年至2008年，煤炭价格涨幅达585%。2005年，有11位煤老板登上胡润能源富豪榜，9位来自山西。

此后的十年，又是康波上扬期，对应着一轮房地产高潮。

从2009年至2010年，北京的平均房价从每平方米10000元激增到22000元，一年翻了一番。

2016年3月16日，周金涛在上海演讲时，说出了一句后来流传甚广的金句："人生就是一场康波。"

巴菲特为什么能够投资成功？原因之一就在于他出生在第五次康波周期的回升阶段。

那时他预言，2019年将是一轮经济周期的终点，抄底的最佳机会即将到来。

几个月后，周金涛因胰腺癌不幸辞世。人们伤感之余，仍相信一切可以预测，世界将按照康波演进。

然而，2016 年最终被媒体命名为"黑天鹅元年"，太多转折超出预料。

2016 年 6 月 23 日，本以为走过场的英国脱欧公投，脱欧派以 3% 的微弱优势获胜。英国从此陷入欲别还休的困境。

四个多月后，11 月 8 日，美国大选最后一天，在《纽约时报》的预测模型中，特朗普的胜选几率只有 20%，然而最后一个小时，他的胜率却意外飙升至 95%。最终，特朗普当选为第 45 任美国总统。结果揭晓后，标普 500 期指跌幅逾 5%，道指期货跌幅一度逾 800 点。

黑天鹅开始引吭高歌，飘飞的黑羽散落世界。

对未来学家来说，这几年的日子极其难挨。

2017 年，美国 538 网站（Five Thirty Eight）创始人称，像我这样在八九十年代长大的美国人，习惯于一个可以预测的世界，但世界比我们以为的更难预测。

世界或许仍按康波前进，但大曲线之上，布满无从预测的乱流。

哈佛商学院教授约翰·科特在《变革加速器》一书的开篇写道："我们正在穿越一条边界，进入一个充满难以预测的混乱和指数级变化的世界。"

二

十年前，"蝴蝶效应"还是个新鲜词汇。

韩国朴槿惠下台，发端于闺蜜女儿的一次网络炫富；席卷全球的 Me too 运动，起源于优步女工程师的一篇博文。

2018 年双十一，中国顾客对伊比利亚火腿的追捧让西班牙火腿短缺，并导致当地商铺倒闭、农场转型，一年宰猪数量已超全国人口。

因一个东亚工程师的懒惰——他给服务器设置了过于简单的出厂密码——直接导致半个美国网络瘫痪。无数美国人茫然走上街头，惶然结队，场面如世界末日。

扇动翅膀的蝴蝶太多，让这个时代的气候变幻不定。

美国未来学家亚历山大·罗斯曾说："过去，有一万亿只蝴蝶存在于各自的天气系统中，但现在我们把它们放到了同一个系统里。"

你永远不知道哪只蝴蝶会产生催化效应，而哪只又不会。

这个世界不但变数增多，变局传导速度也在加快。

2019 年 2 月 21 日，在全美直播的 NCAA 篮球比赛中，一名新秀出场 34 秒时脚底打滑，踩穿了自己的耐克球鞋，受伤离场。第二天，耐克股价在 10 分钟内下跌了 1%，损失约 10 亿美元。

一个月后，从埃塞俄比亚飞往肯尼亚的一架波音 737 MAX 8 航班失事。24 小时内，中国民航局牵头，埃及、印尼、欧盟跟进，相关机型全球停飞，波音公司预计损失达 4 万亿人民币。

世界变了，很多人还没反应过来。

从蒸汽时代到电气时代，人类用了 100 年；从电气时代到信息时代，只用了 60 年；从 3G 普及到 4G 普及，只用了 4 年。

《世界是平的》作者佛利德曼说，技术平台每隔 5~7 年就会发生一次颠覆性改变，但很多人却需要用 10~15 年才能适应。

瞬息万变的变局，飞速传递的变量，裹挟前行的我们，共同构成当下的变局。

更大的变数如风暴般等在前路，当下所发生的更像是预演。

莎士比亚在《暴风雨》中说："凡是过往，皆为序章。"

三

2018 年 12 月 30 日，吴晓波在珠海横琴举办年终秀。现场涌入 5000 余名观众，只为倾听他对未来的预测。

一天后，在深圳春茧体育馆，罗振宇也办了场跨年秀。他用万维钢新书的书名作开场——"你有你的计划，世界另有计划"。

新加坡《联合早报》将他俩称为"追捕黑天鹅的猎人"。

两名"猎人"的演讲风格大相径庭，但观点却出奇统一——在黑天鹅时代，未来变数复杂。

130 年前，50% 的农民失业后变成了工人；60 年前，50% 的工人失业后变成了服务业者。

即将到来的 AI 和大数据时代，还可能会有 50% 的人失业。

所有人都知道新的变数必然出现，但没人敢肯定新的答案会是什么。

2019 年 10 月，谷歌宣布实现量子霸权。他们开发的量子计算机在 200 秒内完成的运算，当前世界最强计算机则需要一万年。

谷歌将这一成果与莱特兄弟发明的飞机相提并论。他们寄望借量子计算机推演复杂的社会模型，破解天算。

这是人算的逆袭。然而，前路依旧漫漫。有学者担心，量子计算机本身会演变成未来更大的变数。

周金涛过世后，他的券商同事甚少再提康波。相对于外界的追捧，从业者们更倾向性地认为康波是宏观总结，无法指导多变的未来。

未来只有趋势，没有轨迹。

随趋势沉浮的人们，能做到的只有系紧安全带，不被波荡甩下。

知识迭代、财产储备、危机预案，每一次准备，其实都是调整前往未来的姿势。

巴菲特的合伙人查理·芒格曾说："宏观是我们必须接受的，微观才是我们可以有所作为的。"

韩国棋手李昌镐，16岁时就夺得世界围棋冠军。他，便胜在微观。

他的棋风，最大的特点就是从不追求一招致胜，只求每手棋有51%的胜率，最后以"半目"的微弱优势取胜。

每一步都比对手好一点点，就足以赢得最后的胜利。

在变数的时代，抓住身边每一次"半目"机会，持续微小调整，日积月累，胜天半子。

在康波问世之前，史册更遥远之处，司马迁在《史记·天官书》

中远眺未来："夫天运,三十岁一小变,百年中变,五百载大变;三大变一纪,三纪而大备:此大数也。"

千古棋局,不过是人算和天算的博弈。落子正加快,胜负未定。

回望

敬畏

时间总能带来最好的质感
并能积蓄别样的气势

1918 年大流感之后

那是疯狂岁月,那是咆哮年代。

一

所有活在 1918 年的人,都希望这一年快点结束,最好从未开始。

这噩梦般的一年充斥着意外、谎言、刺杀和战争,入秋后又赶上疫情爆发。

人们以为三个月能结束,但大流感却持续了整整两年。

1918 年,大流感感染了 10 亿人,死亡人数超 4000 万。如算上当时混乱的远东,死亡人数估算过亿。

流感几乎感染了地球上的全部国家,唯一幸免之地是巴西亚马逊河中的一座冲积岛。岛上的居民与世隔绝,荒蛮成为最后的保护伞。

大流感肆虐之际,一战炮火正酣,交战国对病毒讳莫如深。中立国西班牙率先报道,疫情因此别名为"西班牙流感"。

欧洲各地的漫画中，病毒被画为西班牙女郎。她骨瘦如柴，骷髅黑裙，鬼魅恐怖。

1918年10月，美国成为疫情中心，三个月内死亡人数超20万。

波士顿城郊开通了运尸专列；费城啤酒厂将冷藏室改为停尸间；芝加哥救护车不够用便征用骡车，最后骡子也精疲力尽不愿行动。

费城成为危重之地。六周时间，12000人丧生，平均每五分钟就有一人离世。

当局关闭了教堂、学校和剧院，禁止所有集会，宣布不带口罩是违法行为。民众怒斥不戴口罩者为"逃兵"。

满街都拉起了巨型横幅，上写"吐痰传播死亡"。警察一天抓捕了60名吐痰的人。

然而病毒的暗影依旧向西推移，最终笼罩全美。

麦克阿瑟、罗斯福、海明威和迪士尼均曾染病。在纽约，特朗普的祖父弗里德里希，因大流感病亡。

那个冬天，全美铁路缺员50%以上，货物运输中断，大批城市停电、缺药、食物紧缺，被迫运营的法院在空地露天办公。

农民不再种地；商人不再卖货；教徒怕听教堂的钟声，似乎每一声都代表一个人离开。

肃杀笼罩着美国。唯一忙碌的是虚空中的求助电报，各地都在急求医生支援。

有的医生在下班路上被病人家属劫持去看病。

然而，医生也束手无策。当时的通用疗法是在12小时内灌下安全剂量六倍以上的阿司匹林，剩下的便是听天由命。

民间治疗主要靠酗酒。人们将特意调制的鸡尾酒起名为"起死回生"。威士忌涨到一瓶 52 美元，而一辆福特汽车不过 400 美元。

1918 年最后几个月，漫长得令人绝望。

各大洲的病例数每天都在增加。爱斯基摩人的很多村庄先后绝户，印度烧尸的柴薪告急。

德国法兰克福的病亡率高达 27%。科隆市长阿登纳后来回忆："最后，人们连憎恨的力气都耗尽了。"

悉尼某报纸将 1918 年大流感称为"末日瘟疫"，人们都在等待最终审判的到来。

1918 年 10 月，还在孕期的奥地利绘画大师席勒的妻子因大流感去世。他挣扎着画着一家三口，以作纪念，但还没画完，他也病亡了。

那幅画名叫《家庭》，现收藏于奥地利国家美术博物馆。

二

1920 年 3 月，大流感销声匿迹，留下一片狼藉。

英国的保险公司支付的赔额是前一年的 7 倍，美国人均寿命比往年减少了 12 年。

幸存的人们抬起头，打量着荒芜的世界。

孟菲斯的火车已找不到司机；田纳西州的煤炭开采量只有往年的一半；全美商店销售额下降了三分之二，商人破产者甚众；纽约更改了交通时刻表，商超的营业时间也被错开。

中青年劳动力大批倒下后，活着的人纷纷提出涨薪。流感死亡率越高的城市，工资增长率也越快。

当报复性消费到来时，人们大量购买汽车、收音机、洗衣机和股票，甚至不惜贷款。

人们与死神擦肩而过后，为自己而活的心态支配了接下来的十年。

1920年，美国发电量比前一年翻了三倍。电话线穿越整个北美，每三户人家就有一台收音机，屋顶布满了天线……

1922年，一年间，美国广播电台从28家激增到570家，收音机里最常播的话是"努力奋斗，享受当下"。

因劳动力不足，女孩们剪短头发，穿上直筒裙，步入职场。

"1918"不是个禁忌词汇，只是个被遗忘的词汇。它在大英百科全书中只是个简短的词条，人们选择了刻意遗忘。

电影《午夜巴黎》的时间背景是1922年，剧情中却丝毫不见大流感的痕迹。海明威、斯坦因、毕加索游走在夜宴中，画卷中只有老爷车、爵士乐和取之不尽的红酒。

流光溢彩的金色年代，底色其实是抗拒式的遗忘。

美国记者威廉·夏伊勒记录下了19世纪20年代的柏林：

"到处都是青年人占上风。在人行道边的咖啡馆，在华丽的酒吧，在莱茵河的汽船或烟雾腾腾的艺术家工作室，你与青年人一起，通宵达旦、无休无止地谈论生活。"

大流感过后的十年，沉默过、悲伤过、恐惧过的人们纵情享乐，无度挥霍。

那是美国的咆哮时代，那是法国的疯狂年月。

最后，他们还有个共同的名字——"迷惘的一代"。

三

1929年，美国股市暴跌，经济大萧条开启，放浪的十年结束。

经济大萧条的潜因，埋在十年之前。大流感让农民减员，农业十年间未恢复生气，社会两极不断拉大，最终引爆经济危机。

随经济大萧条一起爆发的，还有大流感的其他伏笔。

那年，美国帕金森氏症患者忽然增多。有研究者发现，这种病其实是十年前大流感患者们的后遗症。

除此之外，他们还患有严重的心脏后遗症。对当年7000多名患者的抽样调查显示，有600多人患有心脏疾病。

此前，研究人员还发现，一战后增高的自杀率并非因战场创伤，实为大流感所致。

同时，十年间流行的"脑炎性昏睡"，也指向大流感。

有医生称，在那场浩劫中感染并幸存下来的人，在余生常易怒、嗜睡、狂躁，并伴有精神紊乱。

藏在时光中的伤痕，终于慢慢浮现。

1918年过后，在纽约，有21000名儿童成为孤儿；而在南非，新增孤儿数量是50万。这些孩童长大后，才明白他们经历过什么。

美国女作家麦卡锡，童年时和父母登上了去往西雅图的火车，回乡时却孑然一身，父母已染病离世。

1930 年，那些长大的孩子开始在文学作品中记录远去的大流感，记录他们童年时真实的噩梦。

美国的恐怖电影自此兴起，而流行至今的僵尸文化也源于那批作家童年时的回忆。

在大流感中出生或长大的人，被称为"失去的一代"。

他们的少年时代遭遇了 1929 年经济大萧条，青春时代还将遭遇二战。

而当年改变世界格局并锁定他们一生的《凡尔赛合约》的签订、希特勒的登场、苏维埃革命的爆发，其实都发生在被流感改变的 1919 年。

他们在动荡的世界中成长，经历了十年的幻象。

有美国历史学家将那场大流感称为"世界的奇点"。

奇点过后，旧规则失效，新的命运诞生。

一百年后，我们在某些方面再次迎来了奇点——未知方向的疫情，东西力量的抗衡，新的技术革命重叠新的经济周期，还有新的世界格局。

当疫情结束之后，我们将经历什么

随大势颠簸的我们，走向户外。

一

那一天，在漫长等待后终于到来。

解禁前夜，北方交大嘉园公寓的学生，从一楼宿舍扯出插线板接上台灯，在楼前开了场台灯晚会。

晚会上有星斗，有蝉鸣，有同学表演吹笛子却吹不出音，但所有人都拼命鼓掌。

第二天下午 4 点 40 分，夏阳明亮，公寓区警戒线被撤去，三百余位学生欢呼下楼，高唱《团结就是力量》。

同一时刻，解禁的北京居民同样欢呼着下楼，但很快被亲友们挤了回去。有老太太在人群中笑弯了腰，笑着笑着就哭出了声。

那一天是 2003 年 5 月 8 日，立夏后第三天。北京市解除隔离 9221 人，解冻信号自此陆续传来。

哈尔滨解禁的居民冲到楼下，畅快地跳起了广场舞；上海解禁的小朋友收到幼儿园伙伴折的 400 只千纸鹤；江西吉安村村民在祠堂前放了许多挂鞭炮，青烟腾起，仿佛能驱散沉积数月的阴晦。

在深圳，解禁的居民感觉一步踏入了夏天。有人在日记中写道："外面天空湛蓝，桃红柳绿，岁月静好，空气清新。我舒展了一下身子，大口大口呼吸外面的空气，尽情享受这久违的自由和灿烂的阳光。"

6 月 20 日，北京小汤山医院的最后一批患者出院。人们争着和换上军装的医生们拥抱、合影。院长张雁灵被抛向半空，所有人都高喊："胜利啦！"。

人们笑中带泪打量着世间，释然中带着怆然。

6 月 24 日，世卫组织对北京"双解除"——解除北京旅行警告，并将其从疫区名单删除。当日，王府井百货大楼的员工悄悄贴出手写标语"北京真牛！"

三天后，一个大雨夜，北京迎来"双解除"后的第一个周末。压抑已久的消费热情如洪水般爆发。

王府井礼花绽放，西单无处停车，中友百货人潮如海，闭店时间一拖再拖。有人说："那时人们买东西的劲头跟不要钱似的。"

商场内，试衣处、交款处、盥洗处、乘梯处都排着长队，每一个化妆品柜台前都挤满了女孩。

女鞋部的顾客多到无处可坐，陌生女孩互相扶着试鞋。有女生说："混在人堆儿里，才最能感受到生活的快乐。"

在簋街，大雨并未浇熄热浪。食客们打伞等位，到晚上十点时，篁街已消耗了五吨麻小。

据事后统计，那夜，北京有 150 万人外出消费，消费总额超两亿。

一切开始缓缓苏醒。

6 月 30 日，"双解除"后第六天，环京长途公交恢复运营，铁路客流回升，北京中小学全面复课并举行升旗仪式。国博开了场展览，名为《大唐丰韵》。

当天，一个有着 60 人的韩国旅游团飞抵首都机场，其中有 45 家韩国知名旅行社代表专程来考察非典后的中国市场。

该旅游团下飞机时，展示了一幅书法横幅，上面用汉字写着"祝中国非典退治"，并有全员签名。

当夜，中青旅在王府井全聚德为其设宴接风。此后四天，俄罗斯、澳大利亚等国的旅行团相继抵京，游客们在人民大会堂享受了国宴待遇。

时任北京旅游局局长称，他原本预计旅游复苏最快也得 9 月。受访时他语带哽咽："冬天过去了，春天将很快到来。"

7 月 1 日，一个叫"春之旅"的 23 人旅游团，从首都机场出发。工作人员边测体温边小声说："太好了，北京又有旅游团了。"

其实春天早就过去了，但所有人都心有不甘。

三里屯的啤酒创下销量之最；后海夜夜桨声烛光；颐和园破例连开了三个月的夜场。昆明湖中，长桥、明月，湖边尽是流连不散的人们。

经历过压抑的长夜后，人们格外爱人间。

那年秋天，因非典推迟的第四届迷笛音乐节重开，那是一次免票的音乐节。

43支乐队全部公益演出，每天观众超万人。十年后，有吉他手回忆："那年就像是一群人做了一个混乱的梦。"

见过生死的人，失去过自由的人，感动过、愤怒过、痛哭过的人，在台下如海浪般起伏。

有人自顾自冲上舞台跳舞，跳到忘我，然后纵声跳入"海浪"之中。

"反光镜乐队"主唱李鹏，在音乐间隙仰望了下天空，"太阳刚下山，天空真的好美"。

二

很多人的命运，在那一年被改写了。

2003年，是高考时间从7月调至6月的第一年。因疫情影响，高考生的复习时间更为紧张。当年高考如期举行，许多考生出考场后放声大哭，称考题太难。

命运滑向另外轨道的还有那年的大学毕业生。北京招聘会直至7月1日才恢复，参会大企业寥寥。许多毕业生因此离开北京，返回家乡。

随同疫情起伏的，还有经济曲线。

当年6月，货币政策收紧，一直震荡挣扎的A股也随之进入下跌通道。

疫情中那些明星概念股，在 4 月达到顶峰后急速下滑，画出一组组大同小异的"山峦"曲线。

如火箭般飙涨的"海王生物"，从每股 11.04 元跌至 5.57 元；风光无限的"华北制药"，从每股 7.42 元沉入 20 个月来的历史最低价 4.37 元。

国民经济如巨兽般舔舐自疗，引领复兴的依旧是优质白马股，非典题材股皆化为海市蜃楼。

失意者，除了投机的股民，还有投机的药商。

有两位专家开出抗非典中药配方后，河北省安国市的中草药价格一路暴涨，每天运药的卡车超千辆。

平时每公斤 20 元的金银花，最高可卖至 180 元。坊间称，几个药材大户每天能赚上百万，安国市一天就能产生好几个百万富翁。

后来，囤积居奇、以次充好的现象令中央震怒。当年 7 月起，全国民间中药材加工被封杀三年。三年后，安国药农的机器皆已生锈。

颠簸大势中，得意者另有人在。

非典结束后，炒房客首次登上历史舞台。非典只短暂影响了房价，疫情结束后，全国迅速掀起购房热潮。许多人因隔离心生感触，希望改善居住条件。

那年夏天，温州走出 5000 多名炒房客，带动家族炒房。据媒体估算，2003 年有 10 万温州人行走天下，调动民间资本 1000 亿。

当年 11 月，温州炒房团包了三架飞机飞深圳看房，落地后买下上百套商铺。之后，各地售楼处开始挂横幅，上写"欢迎温州老板"。

国家统计局公示，2003年住宅投资首破万亿大关，房企井喷，激增至37123家。

和炒房客同等"风光"的还有养生专家。

非典消退后，养生类电视节目获得前所未有的关注。央视的《健康之路》，北京卫视的《养生堂》，天津台的《健康大学堂》，皆成明星栏目。

养生大师们有专业团队包装，在电视上走红后，纷纷出书。书店里，大师们的养生书籍越过经史子集，摆在最显眼处。

那一年，脑白金的故事也如坐过山车般疯狂。

非典时，脑白金因销售渠道在超市，销量急剧下滑。非典后，保健品销量报复性反弹，9月时脑白金销售额突破一亿。以前，即便是春节，也达不到这个纪录。

史玉柱曾说，一年间，脑白金经历了历史最低谷，也经历了最高潮。

电视上，广告声再度吵闹响起。电视前的人们，开始忘记许多事情。

三

非典结束后，相当长时间内，人们不愿在公共场所大声说话，仿佛怕惊扰了什么。

那年夏天，赵薇主演的电影《炮制女朋友》上映，票房只有 600 万。同月，章子怡入围戛纳的《紫蝴蝶》上映，票房仅 300 万。

刚刚经历颠簸的人们，不关心虚构的悲欢，因为尘世已是最揪心的舞台。那段乌云压城的日子，让人们对许多问题有了新的理解。

生死太锋利，命运太无常。那年的人们不喜欢任何浮华的东西，最尊敬的群体是医生。

京郊的小汤山医院成为特殊景点。北京某旅行社组织了一个千人旅行团，游客们特意提出要在小汤山医院停留，"近距离表达对白衣战士的敬意"。

有人为非典中牺牲的医护者建立了纪念馆。那年，有上百万人为其送上虚拟莲花。

一位每天送花的深圳白领说，他原来最崇拜企业家，并以之为奋斗目标。非典后，他崇拜的人变了，"原来真有人可以不顾一切奉献自己，而这样的人就生活在我们身边"。

那年，许多人因此立志成医，全民偶像是钟南山先生。

非典前，钟南山常去广东省实验中学做讲座；非典后，学生们管他叫"酷哥"。

"有一次上课，一位同学对老师的答案不服，马上指了出来，而且坚持自己的解法。老师仔细想了想，承认那位同学是对的。他后来就向我们炫耀：'怎么样？够钟南山吧！'"

彼时的人们，崇尚真话的力量。

2003 年非典后，南方报人北上筹建《新京报》。

报社设在北京南城一栋老楼内，棚顶漏水，墙皮脱落，数十人共用一部座机，供电时断时续。然而，记者们豪情万丈。

当时《重庆晚报》的记者袁凌还在清华读博，听说《新京报》招人，便退学应聘。导师批注。"与其多一个不情愿的学者，不如多一个有良心的记者。"

2003 年 11 月 11 日，《新京报》正式创刊，袁凌写了创刊号的第一篇核心报道——《北京 SARS 后骨坏死患者不完全调查》。

那份创刊号的发刊词中写着这么一句话："对国家和人民利益的看护，对理性的呼唤，对权力的制衡，对本真的逼近，对美好的追求，对公义的扞卫，对丑恶的鞭挞——这是媒体的普世价值和终极价值。"

那年夏天，有两则记忆深刻的新闻。

一则是广东省召开听证会，人们反对立法禁食野生动物，最激动的是一些养殖户——"立法不吃野生动物，我们一家人的生活就会受到很大影响。"

另一则是卫健委高强的发言："我们今天挥别非典阴影，并不意味着非典已经永远离我们而去，我们还必须时刻做好准备，警惕非典的重来。如果果然有非典重来的一天，则我们今天从抗击非典中所学习到的一切都将再次接受检验。"

6 月底的一个午后，我乘出租车经过天安门。

那天下过雨，一切都像洗过一样，空气中还有淡淡的消毒水的味道。

红墙、绿树、城楼，宫殿重叠的檐角，老夏利就像驶过一条苦闷的隧道，碾压过苦难，挣脱了厄运，闯入一幅新的画卷中。

那一刻，忽然觉得，一切都有了新开始。

敬畏是最好的疫苗

那些被遗忘的潘多拉盒子。

一

巨大的帆船在海面绝望地巡游，东罗马沿岸所有港口都拒绝这艘船入内，风浪中尽是呜咽之声。

这是 1347 年的冬天。帆船上多是逃亡的商人，他们刚刚经历了灭城之痛。

他们来自黑海之滨的港口城市卡法。两年多前，蒙古大军兵临城下，卡法闭城不战。久攻不下后，蒙古军开启了漫长的围城之策。不料，鼠疫出现。蒙古士兵们把病亡者的尸体用投石机抛入城内。

黑暗笼罩着这座城市。卡法城破，商人们乘船出逃，但瘟疫流言已先一步传到欧洲。

所有港口对船队如临大敌，商船只能在港口外徘徊。无人料到，船上的老鼠却先行一步，偷偷泅渡上岸。

疫情从意大利西西里岛爆发，很快便如黑雪般覆满整个欧洲。

佛罗伦萨人博卡奇奥记录下患者病情的可怖：患者的腹股沟或腋下出现不明肿块，皮肤大面积青黑，病人三天内就会死亡。

1347年，意大利沦陷。次年3月，法国沦陷。黑死病从马赛、波尔多一路传到里昂、巴黎和诺曼底，最后越过英吉利海峡。9月，传至伦敦。

1349年，英国沦陷。1350年，德国沦陷。1351年，疫情传至波兰北部。1353年，黑死病遍布东欧和北欧。

英国沦陷时，苏格兰趁机发动战争，结果同陷瘟疫之中。

黑色自此成为噩梦的颜色。

一座座城市沦为死城，一条条街道化为空巷。大批房屋的墙上被涂上黑色的字母"P"，警示屋内有黑死病患者，应迅速远离。

这是瘟疫与文明的惨烈相逢。欧洲人从哥特尖穹下、华丽圣诗中恍然抬头，才发现文明不堪一击。

无人知晓老鼠和跳蚤是传染源。教会认为，瘟疫是邪灵作祟，猫就是邪灵化身，并鼓动人们杀猫，鼠疫因此加剧流行。

各类偏方开始兴起——通便、催吐，火烤淋巴结，用小便洗澡，以及目光疗法，接踵而来。

各类疗法无效后，绝望的人们开始把生病归为触怒了神灵。他们沿街游行，用铁鞭互相抽打，高唱着"我有罪"。

然而黑暗并未因此褪去，2500万人在瘟疫中死亡。

这场噩梦持续了近300年。

噩梦中，医生形单影只。他们发明了原始的隔离套装，外观如同恐怖的鸟人。

这些医生头戴礼帽，脸蒙皮套，尖尖的"鸟嘴"内置香料和草药，用于隔绝病毒，全身则穿皮衣皮裤，并打蜡密封。

然而，即便全副武装，他们的工作也多是搬运尸体，对治疗并无有效办法。当时流行的治疗手段是放血。医生认为，只要毒血流尽，便可痊愈。

中世纪在疫情中垂下黑色的幕布。瘟疫动摇了教会的统治，逝者的遗产催生了资本家。在近乎死城的佛罗伦萨，薄伽丘写出了《十日谈》。

1665 年，伦敦一场大火后，鼠疫悄无声息地退场，只给文明留下一道凄厉的伤口。

那些画着"P"字的墙壁或倒塌或粉刷，往事不愿提起，也渐渐散去。

二

在东方，鼠疫加速了一个王朝的灭亡。

1641 年春天，山西兴县郊外荒野上，成群的老鼠结队远征，向中原进发。

那是崇祯十四年，大明已到日落时分。持续四年的旱灾导致赤地千里；小冰河时代开启，广东下雪，长江淮河冻结。

在阴冷的苍穹下，鼠群奔跑在干裂的大地上。它们越过干涸的河道，扑向大半个中国。

山东青州、济南、德州相继大疫，"天行瘟疫，朝发夕死"。安徽庐州，九成以上的人口因鼠疫死亡。繁华的大街如静夜，无人行走。

中国境内，到处都是奄奄一息的城市。

1642年年底，鼠群攻陷天津。次年2月，鼠群冲入京城。

幸存者的日记中记录了文明的崩塌——

官员相坐喝茶，起身时才发现其中一位已"不起而殒"；两人骑马出行，前面的人聊天未得应答，回头才发现后者已死于鞍上；一个富户满门死绝，两名小偷入室行窃，结果也死于富人屋中；一位名叫吴彦升的官员准备去温州赴任，一个仆人突然病死，他便令另一仆人去买棺材，久等不回，寻找时才发现那个仆人也死在棺材店中……

秋天时，京城已无孩童在街头玩耍。史书记载称"日出万棺"。

日落后，民间人整夜敲击铜铁器驱鬼，声达九重，官府无从禁止。

士兵、小贩、雇工、流民大面积死亡，《崇祯实录》记载称"死亡日以万计"。

崇祯十七年（1644年），李自成破城时，京城士兵已不足万人，他占领的是一座凄寒的都城。

他的行军路线和鼠疫传播路线一致。人人迎闯王的背后，其实是被鼠疫驱赶的恐怖。

李自成破城之前，一位担任候补县佐的福建人找到了鼠疫治疗方法，患者每日排成长龙；李自成破城之后，他被乱军所杀，大势难回。

最终，鼠疫因宿主大面积死亡暂退，相关的记忆也因王朝更迭沉没在史书的角落。

多年后，有上海交大学者发文称：鼠疫亡明，复杂的政经乱局背后，瘟疫改变了历史走向。

伏笔很早便已埋下。明嘉靖时，大面积的牧场被开垦为农田，草原鼠与人类频繁接触。此后，连年旱灾令鼠群外出寻水，饥民又食鼠充饥，鼠疫已不可避免。

对于农耕文明而言，帝国始于扩张，王朝终于鼠疫。疫情背后，藏着文明的警示。

三

鼠疫的阴云一直到 20 世纪才散去，也直到此时，人类才知鼠疫元凶是杆菌。

1898 年，荷兰科学家发现了烟草花叶病毒。1915 年，英国学者发现了噬菌体。1940 年，德国人锁定了人鼻病毒——感冒的元凶。两年后，青霉素开始大面积普及。1978 年，最后的天花病毒被关入实验室。

1988 年，世界上每天有 1000 人患脊髓灰质炎。到了 2014 年，该数据已减少到每年仅有一人。

在这场漫长博弈中，人类似乎已占据上风。然而，随着研究的深入，我们才发现人类与病毒的纠缠永无止境。

80 年代，纽约州立大学的研究生采集北大西洋的海水进行研究时发现，每升海水中有 1000 亿个病毒颗粒。

学界推算，海洋中的病毒连成排的话可长达 4200 万光年。这些病毒释放了 10 亿吨碳元素，我们每呼吸十次，就有一口氧气拜这些病毒所赐。

2000 年，人类基因组图谱绘制完成。人类审视进化之路，才发现有近十万病毒 DNA 片段残存在人类基因之中，它们占人类 DNA 总量的 8%。

生死纠缠横亘亿万年。在遥远的罗马，"病毒"一词诞生时，本意便是蛇的毒液和人的精液，同时代表着死与生。

我们进入了一个更了解病疫的时代，但也似乎进入了一个失去敬畏的时代。

艾滋病毒从西非白顶白眉猴传至人类，完成了九次物种跳跃；甲型流感在百年间完成从飞鸟、猪、鸡、鸭到人的传播。

1999 年，美国纽约无数乌鸦离奇死亡，病毒性脑炎很快蔓延全国。15 年间，超过 78 万人感染此病。

疫情起因，是一个孩童从非洲带回的宠物鸟将尼罗河畔的病毒传到遥远的美洲。

人类砍伐雨林、进军草原、猎食野味，不断催生着疟疾、霍乱和新型病毒，像撬开了一个个潘多拉盒子。

那些盒子，最终又被遗忘在角落。

《血疫》的作者，纽约记者理查德·普雷斯顿，调查埃博拉疫情后写道："如果地球是一个有机体，人类就是地球上的寄生生物。生物人类群落的无限扩张，可能会给生物圈带来大灭绝。为此，地球的免疫系统开始反击，试图除掉人类这种寄生生物的感染，艾滋病、埃博拉可能只是大自然清除人类的第一步、第二步……"

我们站在食物链的顶端，却总忘记我们只是地球的过客。

时间并无简史

有幸的是，总有人愿耗尽这有限的一瞬，去思考更宏大的规则。

一

康熙二十六年（1687年）冬天，宁波港外的东海上飘来了一艘船。

船上载有白晋等五位法国人。他们既是传教士，也是法国科学院院士、疯狂的科学信徒。

他们登船时，西方世界正陷入狂热。

牛顿刚刚发表《自然哲学的数学原理》，世界的混沌外壳被砸开，露出里面的数字脉络。

无数传教士如兵蚁般四散出发。他们奔赴各大洲，恨不得测尽每一座山峰，量完每一个国度，用最快速度算出地球的质量与日月之间的距离。

白晋的队伍，被派往东洋。他们在海上漂泊两年后，终于到达中国。

因其没有入境文件，浙江巡抚准备将他们赶回法国。所幸，由于京城钦天监老传教士年事已高，康熙皇帝急于给他找接任者，于是白晋等人被召入京。

皇帝赏给他西便门建房居住的资格。

房屋不大，门前常有布衣货郎摇摆而过。黄昏时，站在窗口远眺，能望见古老宫殿的飞檐一角。

他的日子就这样过得悠长缓慢。来华 21 年后，白晋终于等到测量的机会，受命完成《皇舆全览图》。

1701 年，白晋收到海外来信。寄信人是德国数学家莱布尼茨。他希望白晋能向康熙皇帝推荐他的新发明"二进制"——世界的表达被简化成 0 和 1。

读信后，白晋想起易经中那些古老的符号，比如阴爻像 0，阳爻像 1。

他回信说了这个想法，并随信附上六十四卦图。

回信漂泊了两年，莱布尼茨收信时已是 1703 年，但那张六十四卦图依旧让他兴奋。

在法国科学院院报上，他介绍了二进制，以及来自易经的智慧。

白晋并不知道这些事。在这个古老的东方国度，索额图刚刚被杀，太子位置不稳，四爷、八爷、十四爷的八卦将被热议百年。

门外行人神色匆匆。

白晋孤单地住在西便门的宅子内。那些 0 与 1，成为他无处倾诉的秘密。

二

1901 年，在纽约长岛上，45 岁的特斯拉建了一座古怪的铁塔，塔名"瓦登克里夫"。大西洋的潮湿海风，尽情侵蚀着这座高 187 米的铁塔。

塔顶有一个突出的半球，仿佛积蓄着未知的力量，怎么看都不像那个时代的产物。

高塔还没完工，特斯拉便迫不及待地开启了实验。

他有太多超越时代的狂想，比如他幻想在未来有一种设备，体积和手表相仿，可以与千里之外的人通话。

那是 1901 年，世界尚被皇帝们分割而治，懂特斯拉的人只有他自己。大亨们不需要懂他，只要他和他的铁塔能赚钱。

铁塔背后的投资人摩根，给特斯拉投资了 15 万美元，寄望他能抢到无线电专利。

然而那年年底，意大利人马可尼完成了跨大西洋无线电传送实验。

一个能改变时代的商机，就这样错过。愤懑的摩根停止了对特斯拉的所有资助。

特斯拉在铁塔边坚守了许多年，世人已无从得知他研究过什么。

有媒体称，长岛附近的居民经常能看到铁塔上方的天空变换颜色。

流言最后演变成了神话。直至今日，仍有人相信特斯拉用铁塔制造了万里之外的通古斯大爆炸。

1912 年，特斯拉一贫如洗，实验设备被法院没收，铁塔也被拆除。

被拆除的铁塔，如同特斯拉一生的隐喻。

他一次次寂寞地向那个时代倾诉，但时代总回以一声声冷笑。晚年时，他已懒于倾诉，转而迷恋上和鸽子交流。

传言，终生未娶的他，爱上了一只翅膀浅灰的鸽子。他经常去公园照顾病鸽，并将其带回他栖身的酒店喂养。

在生命的最后时光，他债务缠身，被迫闭门躲避债主。

1943 年 1 月 7 日清晨，女仆无视"请勿打扰"的牌子，闯入他的房间。只见 20 世纪的传奇工程师倒在地上，无人得知他确切的死亡时间。

几十年后，以他的名字为品牌名的跑车正在满世界奔驰。

三

2009 年 6 月 28 日，在剑桥大学凯斯学院，霍金筹划了一场特殊的宴会。他让助手在房间内布置了气球、香槟和烤面包，并挂上横幅——"欢迎时间旅行者"。

霍金换上西装，扎好蓝色领带，在房间虚席以待。

时间慢慢流逝，无人推门而入。

他最期待的倾谈者并未到来。这可能是他人生中少有的失望时刻。

他从 21 岁开始凝望死亡。纵然身体枯萎，灵魂却从未干涸，世上已少有事能扰乱他的心智。

他所苦恼的，是世上懂他的人实在太少。

他演电影、唱摇滚、当网红，客串《生活大爆炸》。他努力在这尘世中打滚，希望能消解孤独。

人们爱他，可人们不懂他。

就像康熙时代的子民不知道二进制将缔造怎样的王朝，纽约的女仆不知道特斯拉将开启怎样的时代。

今日的我们，同样无从预知霍金的宇宙理论会为我们埋下一个什么样的未来。

时间并无简史。

它是浩瀚无情的洪流。万古如长夜，我们的生活只是其中短暂的一瞬。

有幸的是，总有人愿耗尽这有限的一瞬，去思考更宏大的规则。他们超越庸碌，成为无从诉说秘密的人。

他们值得我们送上最高的敬意。

人类别有宿命

当你以为一切约定俗成，便会与新世界擦肩而过。

一

1543 年，哥白尼病逝，朋友将他偷葬在波兰乡下，没敢在墓碑上留任何标记。

生命的最后时刻，哥白尼挣扎着向无边的黑暗森林扔下最后一根火把——《天体运行论》。36 年前他就已写好这本书，却踌躇半生不敢出版。他知道，他的世界，就是囚笼。

哥白尼活在一个漫长时代的尾声。

公元 5 世纪至 15 世纪，被欧洲称为中世纪，亦被称为黑暗时代。

整个中世纪，只在 9 世纪发明了水轮机，12 世纪发明了风车，除此之外乏善可陈。

没有新思想，没有新发明，黑暗森林一片死寂，枝叶交织成无边的乌云。

世界所有规则都由神权决定。天堂在高空，地狱在脚底，国王由教皇册封，全体子民都要按国王旨意行事。

中世纪一共诞生了 211 位教皇，他们宣布：所有知识都已被掌握，所有事物都不会再改变。

在哥白尼之前，已有超十万名"异端"被绑上火刑柱。认知即天条，不容思辨。

《天体运行论》因此被迫加了两层伪装：一层是哥白尼的自序，他称要将这本书献给教皇保罗三世；一层是请一位神学家写了个匿名前言，称"这部书不可能是科学事实，不过是富于戏剧性的幻想"。

《天体运行论》被小心翼翼地流传。此后 60 年，信者寥寥，直至布鲁诺和伽利略出现。

布鲁诺因宣扬哥白尼学说被绑上火刑柱，行刑时被木塞封嘴。伽利略则受到酷刑威胁，然后被软禁在佛罗伦萨，直至去世。

教廷开始认识到《天体进化论》的威力。1620 年，他们将其列为禁书。

就在同一年，比利时传教士金尼阁带着 7000 册精装书抵达南京。

这 7000 册书涵盖了欧洲文明的全部精华，其中就有两本牛皮封面的《天体运行论》。

教廷的禁令尚未传到东方。金尼阁计划在北京修建一座图书馆，将所带图书全部翻译成中文。

然而几年后，金尼阁病逝，翻译工作搁浅。那些图书被束之高阁，渐渐失传，只留下个凄凉的名字——金氏遗书。

多年后，恩格斯说："东西方在16世纪各自走向不同的方向，其标志性事件就是因哥白尼《天体运行论》引发的科学革命。西方开始外扩，而中国走向了闭关。"

中国官员王徵参与了金尼阁的翻译工作。他写了三卷《远西奇器图说录最》，记录了47种奇器制造工艺，以及相关力学原理。李自成攻陷西安后，王徵以自杀尽忠，他的著作也少有人问津。

清代编撰四库全书时，对此书内容只留下机器图片和制造方法，删掉了全部原理，并称力学原理"荒诞恣肆"，因此"取其技能，而禁传其学术"。

在皇权决定认知的时代，世界混沌如匣。

民众相信腐草化萤，相信天狗食月，相信海面幻影是怪兽吞吐而致，认为兔子怀孕拜月所赐。直至晚清，认知迭代依旧是个艰难的过程。

村民反感电线，认为电线会抽取地气。清廷排斥火车，担忧会震动祖陵。相机传入中国后，一度被称为摄魂匣，人们相信，这个小盒子能够成像，是因为它吸走了魂魄。

懵懂的人们，看似挤在匣前，其实仍在匣中。

二

当认知的枷锁被打开后，世界终于透出一线光明。

伽利略去世那年，牛顿诞生。40多岁时，他躲在深宅之中，用晦涩的语言写成《自然哲学的数学原理》，结果触碰到世界最根本的规则。

从此之后，苹果掉落和星球运转都有迹可循。黑暗森林大火熊熊，终化灰烬。欧洲人开始以一种全新的视角看待世界。

自然界好像一个巨大的机械装置，按照某些可以通过观察、实验、测量和计算确定的自然法则进行运转。

美利坚开国元勋们的家中大厅内，大都挂着牛顿肖像。

他们都是牛顿的信徒，认为既然世界可以被几条简单的规则诠释，那么政治应该也行。于是，他们制定了三权分立的基本宪法。

1727 年，牛顿去世，诗人亚历山大·波普模仿圣经为他写下墓志铭：自然与自然的定律，都在黑夜里隐藏；上帝说"让牛顿来吧"，于是，一切化为光。

此后两百年间，世人随光颠覆认知，世界的面貌焕然一新。

1807 年，第一条蒸汽船轰隆驶进了哈德逊河。七年后，第一台蒸汽机车咆哮着冲出工厂。

伦敦的绅士尚在拙笨地学习骑自行车，美国的福特汽车已经在公路上欢快飞驰。

1900 年，第 11 届万国博览会在巴黎举行，三种不同速度的运动扶梯嗡鸣运转，5000 只灯泡将宫殿照得亮如白昼。

新名词是时代的鸦片，没有什么概念不能被颠覆。

很快，牛顿也将成为被颠覆的对象。

五年后，26 岁的爱因斯坦在《德国物理学年鉴》连发了五篇论文，推翻了牛顿的"绝对时空论"，一下将人类带到极远之境。

爱因斯坦说，他天生不懂所有约定俗成的概念，因为不懂，所以从不敬畏。

1919 年，英国最大的报纸刊发了一篇文章，标题是"爱因斯坦战胜了牛顿"。

<h1 style="text-align:center">三</h1>

认知不再归属于皇权，不再归属于权威，在高速演进之下，甚至再没有绝对正确的人。

后期爱因斯坦对量子力学满心疑惑，"我无论如何也不相信上帝会掷骰子"。

然而数十年后，霍金说，上帝不仅会掷骰子，有时候还会把骰子掷到我们看不到的地方去。

霍金自己也在被认知反复考验。

1971 年，他和朋友打赌黑洞不存在，结果他输了。

1997 年，他认为信息不能从黑洞中逃逸，这一次输了一本七公斤重的棒球百科全书。

他还曾和科学家希格斯打赌，说他预言的"上帝粒子"永远不会被发现。

2012 年，上帝粒子被发现，希格斯也获得了次年的诺贝尔物理学奖。霍金送上了 100 美元"赌注"。

但没人嘲笑霍金。在飞速进化的时代，人类知识的更新周期越来越短。

联合国教科文组织的数据显示：18世纪，人类知识的更新周期为80年；到了19世纪六七十年代，已缩至十年；而在千禧年后，已缩短到两年。

而今，一个恍惚间，新概念便已风起云涌，或者寂灭消散。

在科幻小说《三体》中，三体文明侦测完地球后，首席科学执政官向领袖汇报，称人类文明具有"可怕的加速进化能力"。

科幻小说的情节中藏着当下的节奏。相对于黑暗森林中的子民，我们的烦恼在于如何适应时代的洪流。

每段洪流中都藏着新概念，洪流的终点不可测，但不逐流便意味着死亡。

没人愿意像曾经的诺基亚那样，失败后仍委屈不解：我们并没有做错什么，但不知为什么，我们输了。

微信负责人张小龙曾说，他每两个月就会对自己的认知迭代一次。"微信的每个版本该做什么，都是等上个版本发布之后才确定的。我们不可能知道半年后的产品形态，规划都是骗人的。"

适应认知的飞快迭代，或许是我们生活在这个时代的天赋或宿命。

《人类简史》中写道，虽然哥伦布发现了美洲大陆，但他的认知并未迭代。直到死前，他都认为他所到达之地是印度，而不是《圣经》中从未提及的新大陆。

当你以为一切约定俗成，便会与新世界擦肩而过。

一百多年前，世界留下一道最美刻痕

她说，如果艺术停止了，那巴黎也就真的走向衰落了。

一

1887 年 5 月，巴黎卢浮宫举办了一场特殊的拍卖，后被誉为"世纪之拍"。

拍卖会整整持续了 11 天，全欧洲名流云集于此。拍品是数万件法国皇室珍宝，那是帝国曾经的象征。

拍卖会上的最美珍品，是镶嵌在欧仁妮皇后梳子上的一颗钻石。一亮相，全场疯狂。法国商人菲德烈克将其拍下，巴黎满城哗然，人们纷纷打听他是哪个贵族的代理人。

然而最后得知，菲德烈克拍下钻石，只是为了送给夫人做生日礼物，以示不朽之爱。

这是平民新贵的胜利，亦是新时代的起始。

菲德烈克出身于布商之家，9 岁丧母，14 岁进入工坊当学徒，28 岁创立珠宝品牌宝诗龙。

他把童年抚摸布料的记忆融入创作，使得作品精致漂亮，整个巴黎趋之若鹜。

1893 年，他把精品店迁至旺多姆广场 26 号。窗口之外，是广场中心的巨大铜柱。铜柱顶端，拿破仑雕像握剑而立。只是铜像之下，已换了人间。

菲德烈克的居所楼上，住着伯爵夫人卡斯蒂丽欧——传说中巴黎最美的女人。大仲马称她为"最后的倾城妖姬"。

她曾短暂当过拿破仑三世的情妇。帝国烟消云散后，她移情珠宝，偏爱夜晚出游。

倾城美人行走在巴黎夜色中，夜风送来竖琴的尾音、断续的诗篇和酒杯碰撞的声音。

一个最明媚的时代正拉开帷幕。

后世学者将 19 世纪末到一战开始前这段闪耀的日子，称为美好年代。那是人类文明的璀璨时刻。

今天中产的生活方式，皆从那时起源。

第一本时尚杂志诞生，第一家百货大楼开业。时装趋势被热议，周末时高档餐厅人满为患。

汽车全面淘汰马车，火车分出头等舱和二等舱，而超富阶层开始使用私人火车。巴黎成为整个世界的聚焦点。

1855 年至 1900 年，巴黎举办了五届世界博览会，无数发明和艺术品流向世界各地。

1889 年 3 月，重一万吨的埃菲尔铁塔完工；两个月后，电灯在法国亮起；同年，地铁通车。新世纪全面降临。

1900 年，人类史上第一部环幕影片《跨越欧亚两洲的氢气球旅行》在埃菲尔铁塔前放映。

巴黎、伦敦、巴塞罗那的光影依次闪过，此刻世界无界无疆。

观影后的人群涌向铁塔之上、卢浮宫中；歌剧院高音回荡；红磨坊歌舞难歇；旺多姆广场也迎来新客人。

美国作家海明威彼时旅居巴黎，并在多年后写下追忆随笔《流动的盛宴》。

扉页上，海明威写道：

"如果你年轻时有幸在巴黎生活过，那么无论你今后一生中去到哪里，它都与你同在，因为巴黎是一席流动的盛宴。"

二

文明的每个黄金时代，都有相似的规则。

科技能给予时代力量，而艺术能给予时代气质。在美好年代，艺术最受尊崇，它是高于一切的时代魂魄。

律所职员巴尔扎克，20 岁时决定不做白领，不想"如一匹马戏团里的跛马，在规定时间内跑过三四十圈"。

他在巴黎租房，如囚徒般将自己关押，买来笔纸，每天写作 14 小时，偶尔出门购买面包和咖啡。

桌上摆着一座拿破仑雕像，上面写着"他用剑没有完成的事业，我将用笔完成"。

美好时代的热浪，昼夜蒸腾。

他的每部作品都要修改十多次，不完美绝不付印。

20 年间，他喝掉五万杯黑咖啡，写出近百部小说，整个欧洲为之侧目。他收到无数求爱信，最远的信件来自俄罗斯远东。

巴尔扎克去世时，雨果致辞："从今以后，他将和祖国的星星一起闪耀于云层之上。"

在美好时代，艺术和思想有着至高的地位。

雨果 80 岁生日时，政府宣布将那一天定为全国性假日。当天，雨果在阳台上检阅由 60 万仰慕者组成的游行队伍，队伍整整走了六小时。

十周后，他家所在街道被命名为雨果大街。人们给他寄信无需地址，只需注上"巴黎，维克多先生的街道"即可。

备受尊崇的地位，自由不羁的气息，吸引着世界各地的艺术家前往巴黎。

租一间画室，雇一个模特，喝一杯苦咖啡，来自西班牙、意大利、俄罗斯、日本的画家们日夜挥毫。

凡是归不了类的，美术史家均将其命名为"巴黎派"。

东西方文化不断碰撞融合：福楼拜研读阿拉伯传奇；梵·高临摹日本浮世绘；菲德烈克环球冒险前送给妻子的蛇形守护项链，其设计灵感即来自东方图腾。

在旺多姆广场，金发蓝眸的肖邦是新宠儿。他住在旺多姆 12号，与丽兹酒店为邻。

初到巴黎时，无人识他。李斯特办音乐会，趁着灯光熄灭，将他换上台。

美好年代最动人的钢琴曲流淌而出，台下的观众如痴如醉。灯光亮起，肖邦鞠躬致意，同时也致敬一个痴情艺术的年代。

三

1912 年，泰坦尼克号从英国启航，电影里 Rose 的原型玛德琳·阿斯托带着满箱珠宝上船。

那个冰冷长夜，命运扯断珠链，珍宝和往事一起永藏海底。两年后，一战爆发，美好年代结束。

那个年代，如巨轮一般，沉没于历史深处。

整个 20 世纪，世界一片动荡。两次世界大战以及持续数十年的冷战，令人们分外怀念曾经的美好。

电影《午夜巴黎》中，男主角在午夜时分搭乘马车穿越回美好年代，与海明威、毕加索等名家把酒言欢。整部电影的色彩都是蜂蜜色的，如一场被小心呵护的幻梦。

在巴黎，美好年代留下的物理痕迹已然模糊。

地铁早已改线，电影技术飞速迭代，唯有埃菲尔铁塔不变，百年间静立无言。

然而，在艺术层面，美好年代留下的刻痕是如此鲜明。

2015 年，巴黎发生震惊世界的恐怖袭击事件，恐怖分子在巴塔克兰音乐厅射击屠杀普通民众。

法国文化部部长佩尔兰说，巴黎一定不能停止音乐演出，"文化是我们最好的盾牌，艺术家是最好的武器"。

她说，如果艺术停止了，那巴黎也就真的走向衰落了。

艺术是文明的尺子。如果艺术没落了，那么这个时代一定会陷于冷寂。

所幸，美好时代的艺术一直在流传。

安葬在先贤祠的雨果，和他笔下的《巴黎圣母院》一样不朽，接受着全世界读者的朝拜。

法国政府把雨果诞生两百年的 2002 年定为雨果年，并不断举办各种纪念活动。那年开学季，全国中小学生都要自选一段雨果作品，在课堂上朗诵。

巴尔扎克的名字和拿破仑一样被写进了历史课本。他穿睡衣的雕像已在蒙巴纳斯大街耸立了 80 年。不远处，有一个存放玫瑰的玻璃箱，上写：如果偶遇爱情，请打碎玻璃。

大自然的警示

弃船和造船，就是人类命运的轮回。

一

挪威极北之地，北极圈内的永久冻土层下，建有一座特殊的冰封地窖。

从入口沿百米长隧道前行，穿过五道安全门，将抵达一个两百余平方米的仓库。仓库戒备森严，四壁寒霜覆盖。

仓库内共有八排货架，架上满是纸箱，箱内是一个个特制铝盒。铝盒中装有来自世界各地的六亿颗种子，共 82.5 万个品类，浓缩着人类 1.3 万年的农业史。

圣经中的方舟停泊于传说断裂之处，而现实版的方舟就这样藏身了冻土层之下。

它被称为末日种子库，可承受里氏 6.2 级以下地震和核武器攻击。

让设计者更安心的是，种子库被冻土层包裹，即便有朝一日电力丧失，冻土层的低温也足以保护人类的种子穿过漫长岁月。

然而，人类尚在，冻土层却撑不住了。

2008年种子库建成时，入口处还白雪皑皑，而今早已泥土裸露。2016年北极高温时，融化的冰雪化作冰河，一度冲入隧道15米处方才冻结。

愁眉不展的科学家试图搬迁末日种子库，然而南北极已再无安全之处。

据NASA数据显示，北极海冰自工业革命后开始加速融化，冰川面积每年减少约35000平方公里，并将在2040年左右完全消失；而在南极，1992年至今整个冰盖已损失三万亿吨冰，并且超40%的损失发生在过去五年内。

目前，南极冰川的融化速度已提高了三倍，比过往25年任何时刻都快。

2018年夏天，北极圈的气温一度高达32℃。瘦骨嶙峋的北极熊无从觅食，只能扒着科考队的废弃油桶寻觅生机。

融化的冰雪注入大海，高温让水体膨胀，推动海平面持续上升。

有科学家预测，高温之下，21世纪的海平面可能上涨超一米。如果南北极突变，海平面将上涨六到八米。

如果海平面上涨一米，纽约、伦敦、威尼斯、悉尼和上海都将面临被浸没，中国沿海将有12万平方公里被淹，7000万人口需内迁。

日积月累上涨的海水，指向一个温吞又残酷的末日，而一些前兆已然出现。

南印度洋的企鹅族群锐减九成；赤道地区的海龟在高温下只能孵出雌性；西非可可豆大面积减产，巧克力或将成为奢侈品。

著名的澳大利亚大堡礁已有整整 1500 公里的珊瑚因白化死去，海面之下白骨嶙峋，犹如坟场。

仅占海洋面积百分之一的珊瑚礁，供养着全球四分之一的海洋生物。过去 30 年里，世界已失去一半的珊瑚礁。科学家预测，90% 以上的珊瑚将会在 2050 年之前死亡。

灭绝的物种，上涨的海面，以及冻土融化释放的病毒，一直警示着人类，但却总被信息洪流淹没。

终于，警示以狂暴的姿态降临。

《自然》杂志发文称，过去 14 年全球 190 起极端天气中，三分之二起是由全球变暖造成的。

2018 年夏天，被科学家称为地球的至热时刻。

高温在英国引发五十年一遇的干旱，在北美引发扑不完的山火，在北欧瑞典则创下百年内最高纪录。

日本的熊谷市气温达 41.1℃，打破日本自观测以来的最高纪录。整个夏天，全日本超两万人中暑送医。

在中国东北，空调安装师傅都不够用了。国美官方微博曾显示，仅当年 7 月最后一周，东北三省的空调销量便同比增长 1726%，沈阳地区更是同比增长 3545.4%。

蒸腾的暑气，在海上形成暴虐的气旋；名目繁多的台风，呼啸着扑向大陆。

那年 9 月的主角"山竹"，登陆中国后造成超 300 万人受灾，经济损失高达 55 亿。有专家测算，台风每小时释放的热量相当于 2600 颗原子弹。还有网友记录下深圳某大厦在风雨中摇摆的恐怖画面。

二

2018 年 8 月，《纽约时报》推出了一个漆黑的封面，上面只有一行白字——30 年前，我们原本可以拯救这个星球。

1988 年，NASA 职员汉森作为环保代表，前往白宫参加听证会。他警告政府，随着温室气体排放失控，人类所剩时间已然不多，"已经比你们想的要迟了"。

他预言，重大气候变迁必将发生，2010 年时全球将显著暖化。

为警示世人，他和同伴已奔走十年。然而，二次发言时，他的发言稿被官方插手修改，变成了"全球变暖原因不确定"。

人类自己推开了求生筏。

所幸，汉森的演讲引发了广泛的社会讨论。1989 年民意调查显示，79% 的美国人记得自己曾听说过或读到过"温室效应"。

1992 年，153 个国家签署了《联合国气候变化框架公约》，然而这并非意味着问题的解决，而仅仅是争吵的开始。

末日刀锋之下，人类围桌而坐，开始斤斤计较各自的筹码。谁减排？谁出钱？谁拿钱？谁监督？谁先开始？

混乱的争吵直至 1997 年方才落幕。那一年在日本，各国通过了《京都议定书》，以做生意的形式量化温室气体排放。

不同国力的国家有不同的排放额度，发达国家可以从超额完成任务的国家花钱买额度。

然而，关于额度如何动态分配，又是一片争吵声。俄罗斯直至 2004 年方才签署该议定书，而美国先是于 1998 年签署，又于 2001 年宣布撤销。

在争吵声中，不断蓄势的海水拍打着人类的堤岸。

2001 年，30 多个国家的志愿者，用近 3000 块木板在联合国做了一艘 30 米长的救生船。

木板来自世界各地，上面写满了祈福，比如"希望我们的大陆永不沉没"。

越来越多人开始忧虑这个问题。2009 年，马尔代夫第一位民选总统开了一次水下内阁会议，14 名内阁部长穿着潜水服，背着氧气瓶，共同参会。

在质疑和犹疑中，人类走至 2015 年。那一年，全球地表平均气温较工业革命时已上升了 0.85℃。

有科学家计算，全球地表平均气温上升 3℃时，大多数沿海城市将不复存在；上升 4℃时，欧洲将永远干旱，中国、印度和孟加拉国大部分地区会以沙漠为主，美国西南部不再适合居住；上升 5℃时，人类文明将彻底终结。

人类终于放弃争吵，在巴黎召开了气候大会。主办团队组织 3000 多人拉起人链，呼吁各界和解。

原本打算到巴黎的一万多名示威者送来鞋子，堆起了一道鞋墙，以示人类团结。

那一年，《巴黎协定》推出，约定将全球地表平均气温的上升幅度控制在 2℃之内。

三

人类终于望见悬崖边缘，惊慌减速。

2018 年，英国的测算数据显示，未来四年，全球气温将加速升高，并将导致更多飓风。

同时，科学家通过研究远古冰芯发现，过往 80 万年，温度、二氧化碳浓度和海平面三者的变化曲线几乎重合。

人类匆忙构想给地球降温的办法，比如向大气中抛洒二氧化硫、建造太空遮阳伞中和温室效应，然而最后发现，最简单的方法，依旧是全人类自律。

这也是最难的办法。对许多人而言，环保不过是老生常谈，巨变不过是危言耸听，末日不过是影视大片中用来刺激多巴胺的情节。

好莱坞巨星莱昂纳多历时三年走访全球变暖相关国家，于 2016 年推出纪录片《洪水来临之前》。

然而引来的却是一片讥讽。有人质疑他追逐名声，嘲笑他无知。

2018 年 10 月 8 日，诺贝尔经济学奖颁给了两位解决气候变化难题的经济学家。

诺贝尔奖委员会表示，正值诺贝尔经济学奖设立50周年，颁发给这两人，就是希望传达一个信息——气候变化问题是全球问题，需要全球性解决方案。

同一天，联合国相关机构在韩国仁川发布了一份长达728页的气候报告。

科学家根据最新形势指出，全球升温幅度需控制在1.5℃以内，否则地球会在2030年之后迎来毁灭性结果。

目前升温幅度已达1℃，而留给我们的时间只有最后的十年。

1995年7月，耗资巨大的美国科幻片《未来水世界》上映。票房惨淡，但其意义却超越了时代。

电影中，两极冰川消融，地球一片汪洋，世界只剩下一个个由破船组成的孤岛。

那些动荡的时局，那些诡谲的图谋，那些可笑的野心，那些短暂的辉煌和长久的落寞，都深深埋藏于海沟深处。生命从此发端，文明至此终结。

弃船和造船，就是人类命运的轮回。

时代从来舍不得和他们说再见

这世间最动人的光泽，皆由时间赠予。

一

1927年，英吉利海峡，冰冷海水中，一位年轻女子奋力前游。

大陆只剩模糊轮廓，耳边只余嘶吼涛声，唯一让她心安的，是胸前稳定计时的手表。

那只有着多边形表盘的手表，用细长的金链挂于她的胸前，陪她一起浸泡在冷海中，并完成横渡海峡的壮举。

几天后，女子和手表一同登上了英国《每日邮报》头版。这是人类第一块防水手表，手表制造商名叫劳力士。

那一年，劳力士的创始人汉斯46岁。时光刀刻斧凿，在他脸上留下岁月的刻痕，可他的心仍执拗如少年。

劳力士要做最精准的手表。那些齿轮和指针铭记时间，又超越时间。无论表在何处，无论十年百年，劳力士都要守时如一。

跨越海峡只是开始。在汉斯的计划中，劳力士手表要登上最高峰，潜入最深海，在所有极端环境中检验其品质。

那些即将影响世纪审美标准的故事，就这样拉开帷幕。而你会发现，所有伟大的故事，最初都源于执拗的追求。

劳力士渡海时，法国巴黎一个叫 Coco 的女孩正用香水让整个贵族圈癫狂。

她创立了一个叫"香奈儿"的品牌。最初的作品是羽毛帽，寓意自由和叛逆。

后来，Coco 厌倦晚宴上千篇一律的暗香，开始制作自己喜爱的味道。

她执拗地拒绝所有天然存在的香味，并认为最美好的香气一定源自精妙合成。

她测试了上千种味道，最后选中第五号瓶——香奈儿五号。她把香水的制作逻辑，应用于香奈儿所有作品。

一切都是极繁的，一切都是手工的，一切都传承、有序且气韵如一。

一件香奈儿礼服裙，需要数十名设计师经手，花费超 600 个工时，百年不变。

其实何止香奈儿，回溯源头，那些战胜时光的作品，总藏着执拗的力量。

紫砂壶大师顾景舟，其传世壶拍卖价已超千万。他年少成名时，一把壶可换五斗米。

某年春日，他去茶馆饮茶，听到大家正在点评他的壶，赞誉之声四起。然而，一位老先生却持异议，洋洋洒洒列出顾壶的几大缺点。

顾景舟听完，上前从老先生手中夺过紫砂壶，当众摔碎，并向老先生深施一礼，发誓做出完美作品后再来相送。

从此，"完美"成为他的信条。宁玉碎，不瓦全。

很多年后，我在艺术展上得见大师真迹。灯光下，那些壶温润柔美，又风骨凛然，藏着某年某月某位青年摔壶的气韵。

很多气韵，在一开始便定了基调，比如褚橙和褚柑。

年过七旬的褚时健出狱归家。千禧年匆匆翻过，红塔山已成往事，眼前只有哀牢山的乱石和细云。

他和老伴儿马静芬在乱石和细云间开荒种树，风雨无阻。时间终于鞠躬败退。

当你有所坚持，岁月总会回甘。

二

那些极致的追求，仅是开始。想成为传世杰作，还需战胜漫长的时间。

1933 年，老式飞机的帆布机翼第一次掠过珠穆朗玛峰，飞行员的手腕上戴着劳力士手表。

1953 年，人类第一次攀登上珠峰，两位登山家的手腕上同样是劳力士手表。

1960 年，人类第一次潜入大洋最深处的马里亚纳海沟。潜水艇沉入漆黑的海洋，艇身上系着劳力士手表，手表运作如常。

那一年，汉斯离世，但劳力士已完成上天入海等诸多测试。

那些嘲笑他执拗守旧的人俱归尘土，可劳力士却在此后数十年将精准和稳定做到极致。

一块劳力士里有数百个细小零件，每个零件都有独立标号，并终生保修。

劳力士粉丝称其为"一劳永逸"，并戏言"劳力士的生命总比主人的寿命更长"。

在时间的诠释下，初心才会慢慢变为匠心，继而凝聚成传世神韵。

在法国，香奈儿几乎将所有古典手工作坊收归旗下，并在光阴中坚持手工理念。

一朵 16 片花瓣的山茶花羽饰，需经 70 余次复杂修整；而一个香奈儿链条包，需六个工人经 180 道工序，花费 30 余天才能完成。

香奈儿的工匠们信奉一条最朴素的道理：一切手工技艺，皆需口传心授。他们无视喧嚣，耐得住寂寞，用古朴的针线，将美好一点点缝入时光之中。

时间总能带来最好的质感，并能积蓄别样的气势。

顾景舟做壶前，要整衣净手，正坐凝眉，将诸般工具一字排开，抹布放于右手，水杯置于左角，几十年如一日。

时光累积之下，岁月的神韵就会融入刀笔，贯穿壶身。

他所在的工艺品厂，曾一度热衷于机械化，用流水线制壶。

顾景舟反对："千壶一面，气息和个性都没有了，还叫紫砂壶么?"

后来,机械化制造的紫砂壶全被退货,顾景舟又回到他的手工条案前。

命运总有顺流和逆流。在时光中坚守不易,突围更不易。

在哀牢山上开荒的褚时健夫妇,平静地看褚橙走红、听赞誉如潮,然后闭园谢客,如常伺候果树。

那些嘲笑他风烛残年还折腾的人,转眼都垂垂老矣,可褚时健夫妇依旧如常。

没人知道他们会在何时停步。褚时健老伴儿马静芬说,一百岁不封顶。

褚橙之后,马静芬选了座荒山,在红土中掺上褚时健配的烟梗、泸沽湖的草炭,插下柑橘树苗,默默耕耘四年。

时代从来舍不得和这两位老人说再见。

时间洪流在哀牢山前咆哮汹涌,终又温顺绕开。

三

在时光洗练下,那些贯穿作品的理念,最终成为超脱作品的精神魅力。

在电影《古惑仔》中,山鸡跑路去台湾,陈浩南托兄弟送去劳力士,"留块表傍身"。

靠典当那块表,山鸡度过最难挨的岁月。后来,他带着兄弟猛龙过江,与陈浩南在香港重逢。夜灯迷乱,山鸡隔空扔回劳力士,陈浩南微笑接住。

他握住的不光是表，还有男人的江湖。

在全世界赌场外的典当行内，最受欢迎的等价物，就是劳力士。

当一块手表追求稳定上百年，便足以成为信义的代名词。同样的气质，弥散于香奈儿的作品之中。

香奈儿创始人 Coco，一生追求女性的自由和解放。二战后，已隐居 20 余年的 Coco 决定复出。当时，她已年过七旬。

那年欧洲正流行复古紧身胸衣，男人的眼神再度傲慢和戏谑。

Coco 无法接受逆流和复辟，相继推出海魂衫和小黑裙，释放自由的力量。

那时的巴黎女性，路过香奈儿总部总要脱帽致意。自由，成为香奈儿的灵魂。

有些风骨，总在作品之外。

顾景舟一生不爱低头，高官求壶，一概不送。

全国大赛的评委赛前索壶，说给了就能得到大师头衔。顾景舟一笑置之。如此虚名，要来何用？

一次，当地领导为讨好上司，下令顾景舟做一把"双线竹鼓壶"。顾景舟做到一半便弃之不顾，有人询问便说尚未完工。

这把残壶，一放就是 17 年，直到顾景舟去世，也未完成。

壶不过泥胎，多了这些往事，才有了诱人光泽。

无论是劳力士的稳重、香奈儿的自由，还是顾景舟的骄傲、褚时健的倔强，都是人类精神中最动人之处。

时间浊流洗荡一切，而唯有精神是最好的奢侈品。

此时此刻，度秒如年

人类进化的动力，一直是为了生命中的每一刻都不被浪费。

一

岭南快马奔驰而来，邮道激起阵阵烟尘。城头上冷若冰霜的贵妃，终于露出笑容。

杜牧的诗句凝固了这千古一刻。对杨玉环而言，那也是她人生的高光时刻。高光之处不在于她吃到了新鲜的荔枝，而在于她举倾国之力打破了时空界限。

对于古人而言，时空就是最大的囚笼。他们活动空间有限，岁月苍白漫长，大部分人的人生乏味无奇。

现代人常被古装剧误导，用今天的目光打量过往的生活。其实，古人的生活效率低得可怜——

岭南是化外之郡，关东是法外之地，水果是难得的奢侈品，北方人没见过柑橘，南方人没见过苹果。唐朝之前中国人没见过胡椒、孜然，明代时才有了玉米和番茄。

花团锦簇的服饰只属于宫中的娘娘和富家闺秀。唐朝时，广大城乡百姓一生就三五件衣服，而且多是家人缝制。

因引水不便，洗澡是奢侈行为。白居易在诗中说："经年不沐浴，尘垢满肌肤。今朝一澡濯，衰瘦颇有馀。"

官居正五品的文豪尚且如此，普通人更是习惯于灰尘蒙面地生活。

他们的一天低效且艰辛，以吃饭为例：冲进饭馆，拍下散碎银子，喊桌上等酒席，只属于话本小说。

真实的餐饮，是从拾薪开始。他们在山中躲避猛兽，寻找残枝，回家打水生火，有粟豆可蒸已算太平景象。

一餐下来，已近黄昏。民以食为天。对普通人而言，"天"更像是时间单位。

入夜，长风开始撩拨屋顶上的茅草。古人的娱乐，除了繁衍便只剩长梦，"梦里不知身是客，一晌贪欢"。

大城有梆鼓计时，村庄只能靠鸡鸣，更多人则是随心所欲，管它今夕何夕。

古人将一天分为十二时辰，两小时为一个时辰，但大多数人并无清晰的时间观念。

因为节约时间对他们毫无用处，人生大段的苍白时刻，不知如何打发。

清朝以前，九成国人是文盲，基本不会乘除法。他们以为天圆地方，不懂日升月落，不知最简单的肺部感染也可能成为绝症。

许多人一生没离开过家乡，死后被葬于拾薪的山林，不消几代，墓碑便杳不可寻。

他们的时间如此漫长，可生命精度却如此之低，难怪有"人生苦短"的感叹。

有同样烦恼的，不只是东方。在中世纪的欧洲，荷兰贵族的顶级大餐不过是将牛羊肉剁成肉末加点蔬菜；寻常市民一周只烧一次饭菜，其余六天为冷食。

法国亨利四世承诺民众："每家每周，吃得起一只鸡！"

那些出现在童话中的城堡，其实并没有想象中浪漫。早期的城堡未设计厕所，入夏后气味浑浊难闻。领主常年躲避在露台上，浮生只余远眺。

也许此时，我们就更能明白拜伦在《唐璜》中的那句无奈诗句——"生如白驹过隙，此身乃是草芥，任死神随意收割"。

二

时间蜷曲了千年后，终于在近代舒展开身躯。

牛顿、法拉第、爱迪生和特斯拉相继打开魔匣，斑斓的色彩终于充满生活。

19 世纪的欧洲，男士开始讲究西服上的袖扣，普通市民也能拥有细链怀表。晚宴上的姑娘们，穿着各式长裙，手中拿着东方团扇和彩色手帕。

东方团扇要归功于大航海，彩色手帕则要归功于化学染料的发明。

餐厅在欧洲风行，街头商贩开始出售咖啡、柠檬水、姜汁啤酒和熏鲱鱼。

在蒸汽机的轰鸣声中，时代慢慢加速。

水力织布机的诞生，把原有的生产效率提升了 40 倍；火车则直接导致西方游侠和东方镖局的消失。

人类终于无法忍受对时间的浪费，开始追求高效生活。

1784 年，富兰克林担任驻法大使。习惯早睡早起的他，看不惯法国人的懒散。他给巴黎某杂志写了一篇标题为《论节省白天的时间》的文章，建议立法强迫巴黎人在夏天提前一小时起床。

按他计算，如果人们愿意提前起床，那么夏季的三个月里可以节约 9600 万法郎买蜡烛的钱。

1829 年，公共马车在伦敦诞生。1863 年，第一条地铁建成。1882 年，爱迪生在纽约曼哈顿建成第一个集中供电照明系统，把黑夜从上帝手中抢回。

过去需要数月办理的事情，如今可以在数日内办完。人们开始有时间享受生活。

煤气炉慢慢取代了壁炉，水泵和水塔开始向住宅供水。

落地窗边，有人拉起了酒红色小提琴，而且用不了多久，广播乐曲和电视中的笑声就会在客厅响起。

文学开始兴盛，日记更为普及。人们终于发现，生命中的每一天都可以不一样。

同样的岁月，不同的生活。当效率提升，生命的精度也不再相同。

人类进化的动力，一直是为了生命中的每一刻都不被浪费。

指尖的洪流

我们追逐溪水，直至它汇成洪流。

一

北京西城一片古朴街巷中，藏着一座老旧大院。大院门牌落满尘埃，附近老人喜欢叫它"西便门国务院大院"。

院中老楼，早已被时光反复冲刷，青藤爬满灰墙。灰墙前，常会有外来中年人抬头凝望。

那些中年人多是来"朝圣"。他们是情景喜剧《我爱我家》的粉丝。该片中老傅的家，拍摄地就在院内 11 号楼 1 单元 202 室。

小窗的灯光在黄昏时亮起。灯光下，是他们的 90 年代。

那是一间狭小的客厅，客厅墙上挂着老傅的书法"老骥伏枥"，正中央是一张灰布沙发。

葛优斜躺在上面享受温暖的午后，一不小心，就穿越了漫长的时光。

梁左把 90 年代所有的味道，都藏在那间客厅之中。

那时的节奏是如此之慢，有时安静下来，还能听见表针滴答走动的声音。

客厅里有两条信息通道：一条源自那台老旧电视，一家人经常在冗长的电视剧前昏昏欲睡；另外一条源自桌上那部黄色的转盘电话，胶皮电话线钻入陈旧的墙壁，连接着外面的世界。

剧中二哥贾志新用这台电话经营着四家皮包公司，贵为"贾总"。女主人和平，则用电话联络阿敏、阿玉、阿英、阿昆、阿巩、阿群，维系娱乐圈人脉。

在和平最风光的那集，她正是用这部电话协调山海关外的演出，勇当穴头，一头扎入东北风雪中。最后，演出受阻，和平被扣，求救电报深夜传来。

那年头，人们都害怕听电报员的喊声，字数越短，事情越大。

这毕竟是人生的戏剧时刻。更多日子里，电报员杳无音信，电话长久沉默。一家人无聊地守在客厅，盼着电话响起。

那个年代，信息是奢侈品。每条信息，都可能是人生跃迁的缝隙。

二哥贾志新不过听人说了几句，就敢带着小保姆勇闯海南岛。而小保姆真的从油条摊儿起步，一路盖起了摩天大楼。

整个 90 年代，就是"追"时代。人们疯狂追逐一切可能的信息，单纯且狂热。

人们拥挤在时代狭小的巷道中，探出手试图抓住一切信息。

二

《我爱我家》的主题曲里藏着一个时代的惘然——"看看留在背影里的路，才明白模糊的也会清楚"。

在一个世纪的尾声，一切终于开始清楚。

陈彤编辑的一篇《大连金州不相信眼泪》促成了新浪；张朝阳在旧金山的夕阳下狂奔后创办了搜狐；北大资源宾馆的小房间里，风华正茂的李彦宏勾勒出百度最初的模样。

字节开始在一台台笨拙的计算机间流动，黑暗的虚拟世界亮起一团团光。

我们就像守在老屋中的孩子，终于踩上板凳，扶着窗台，能看到更远一点的世界。

90 年代，信息饥渴的人们，体验了一把乍富的感觉。他们小心翼翼地点击每一个链接，就像推开一扇扇门。

搜狐创立之初，页面上只有两个分类，一个是小说，一个是图片。图片指向海外风光，而小说连接着台北的大学网站，上面只提供繁体版四大名著。

即便如此，浏览者仍乐此不疲。那些章节早已烂熟于心，但放在网页上，仿佛带着海峡湿润的气息。

搜索引擎诞生后，这种快感进一步放大。人们乐此不疲地变换着搜索词，就像在一座巨大的宝库前尝试入门暗号。

最开始，那世界满是荒芜，搜索结果只有寥寥无几的专业网站，但很快，BBS论坛、个人主页、博客、贴吧等身影闪动。"搜"

时代就这样悄然开启。

21 世纪头几年，一切变化得飞快。互联网在变，生活在变，就连春晚上赵本山的道具也从双拐一路变化成担架。

2004 年春节，赵本山和宋丹丹合演了小品《送水工》，向全国人民普及了马甲的笑话。

那夜过后，"马甲"成为年度热词，一同走红的还有蔡依林的《七十二变》。

流行背后总藏着时代的隐喻。对于互联网而言，真伪难辨的日子开始了。

每一个人都有许多 ID，每一个故事都藏着许多版本，每一个机会都存在许多选择。活在"搜"时代的人，最依赖眼力。

各类推荐应运而生，一个完美答案往往草蛇灰线，伏脉千里。资深网民常是搜索高手。

更多人还是习惯搜索探险，他们在泥沙俱下的信息中淘金，痛并快乐着。漂浮在无穷无尽的信息中，难免会倍感疲惫。

在"搜"时代，在洪流中茫然的人们，终归还是孩子。

三

2009 年，iPhone 开始在中国普及。两年后，雷军的小米席卷中国。移动时代，巨浪冲过，一切都变了模样。

我们的工作和生活在巨力下重新解构，最终浓缩于指尖之上。

《好奇心日报》记载，2017 年，国人平均每天点击 2617 次手机，手机屏幕每天亮着的时间累计 145 分钟。使用率前 10% 的人，每人每天平均点击 5427 次手机。

这是名副其实的"刷"时代。

有年轻人描述自己在"刷"时代的一天："清晨被手机闹钟吵醒，刷到快递 APP 收货提醒；上午出门办事前，用 APP 查天气；面对美团上眼花缭乱的美食，要刷半天才能做出决定；晚上睡觉前，习惯于在手机上看最新的更新，不想熬夜，可刷啊刷夜就深了。"

所有人都沉浸于刷信息时的快感，移动世界的信息仿若无穷无尽。

信息流像瀑布一样冲刷而下。再小众的内容，也能找到它的读者。

西便门 10 号院的老楼中，信息像藏在未知之地的财富；互联网洪荒年代，信息像纵横交错的迷宫；而当下，信息交织联动，和我们的生活深度重叠。

智能正在生活中无处不在，一切正指向一个更快捷高效的未来。

或许，洪流在那里又将变化模样，积蓄下一个时代。

在等长寿命中，我们经历了远比古人更丰富的生活。虽然悲喜不一，但生命精度已完全不同。

如果说古人的生命单位是年，近代人的生命单位是天，那么现代人的生命单位就是秒。

以秒为单位的生命，比以分为单位的生命多了 60 倍。此时此刻，度秒如年。

我们这代人正经历着一个异常精彩的有生之年。要经历的事情是如此之多，每一秒都别浪费。

眺望星星的人

有读者说，这世上只有三类人：没看《三体》的，看一半《三体》的，看全《三体》的。

一

1980年冬天，全国各大出版社收发室，相继收到一封奇怪来信。

信中称："我们是心系祖国的海外学者，想创办一份探索不明飞行物的刊物，自行组稿，每月仅收1200元成本，出版社只需负责发行。"

因这封信来路不明，各家出版社无人敢应，最后只有远在西北的甘肃人民出版社回复"言之成理"。

出版社称，既然不知道飞碟到底是什么，刊名不妨叫《飞碟探索》。

1981年，《飞碟探索》创刊。与《飞碟探索》编辑部一墙之隔的，便是同时创刊的《读者文摘》。

《飞碟探索》创刊号的封面一厘米宽的红框之内，一只巨大的飞碟凝望着世间。

一个想象力满溢的时代拉开帷幕。外星来客带动着科普浪潮，中医养生掺杂着气功异能，亦真亦假，如梦似幻。

1990年，《飞碟探索》发行量超31万册，居全国科普杂志之首。连旅居海外的三毛都曾写亲笔信，讲述她在撒哈拉沙漠目击UFO的经历。

《飞碟探索》负责诱发好奇，而另外一本试图幻想答案的杂志则命运多舛。

1983年，科幻小说被称为"精神污染"，全国科幻类杂志纷纷停刊，最后只剩下四川的《科学文艺》。

《科学文艺》当年在青城山举办笔会，编辑在火车站苦等一天，来者却寥寥无几。

杂志如弃儿，被告知只能自负盈亏。编辑们跑去一所所学校，恳求征订。女主编杨潇脱掉高跟鞋，蹬着三轮运送刊物。

最后，杂志社要靠做少儿图书挣钱养活杂志，编辑们常当街卖书。最窘迫时，《科学文艺》一期只发行了700册，并一度改名叫《奇谈》。

所剩不多的中国科幻小说家们满心绝望。奇谈之后，往往是怪论。

1990年，世界科幻大会在荷兰海牙召开，杨潇等人受邀参加。

为了省钱，他们从北京乘火车出发，坐了八天八夜，横穿欧亚大陆。

当面色苍白、两腿肿胀的杨潇等人走进会场时，满场皆惊，

"乘火车来的？这真是科幻！"

那届大会上，杨潇费力夺来下一年世界科幻大会的举办权。

1991年，《奇谈》改名为《科幻世界》。同年5月，世界科幻协会年会在成都召开。会议最后一天安排在成都郊野，中外名家挤进车厢穿越乡村，沿路的农民停锄围观车队，浑不知车中坐着可能是中国仅存的幻想家。

入夜，中外代表围拢篝火旁。尽管工资都快发不出了，《科幻世界》的编辑们仍大声谈论着超级文明的到来。

那些激情与幻想，最后随篝火一同熄灭。青烟散入90年代，袅不可寻。

刘慈欣并未参加那届大会。那一年，他还在山西的娘子关电厂做工程师。

电厂的周围都是丘陵，山崖寸草不生，运煤火车从厂区大门呼啸驶入。大门边是一道小小的窄门，供人通行。

电厂内有医院、舞厅、电影院，如一个微缩社会，人们按照古老的规则缓慢运行。在这样的规则下写小说无异于离经叛道。

刘慈欣谨慎地隐藏爱好。一个个瑰丽的世界诞生绽放，又被包裹藏匿。

偶尔，他会坐六七个小时火车去北京，到王府井书店查资料。

漫漫长夜，他会想起填完高考志愿的那个夏夜，他翻完英国名作《2001太空漫游》，抬起头，家乡的星空银河闪动，一切都很渺小。

在电厂，星空是奢望。厂区烟囱昼夜吞吐烟雾，长夜浑浊无期。

二

1994年，《科幻世界》的编辑带领科幻迷们夜登峨眉，观看天文奇观"彗星撞木星"。

峨眉金顶上，编辑部的天文望远镜吸引着游客，有一位中年妇女说，她给孩子订了《科幻世界》。

"看武侠小说怕他打架，看言情小说怕他早恋，让他看科幻，引发对科学的兴趣。"

这段"金顶对话"成为第二年《科幻世界》的广告词，杂志征订数开始上升。

在商业大潮中疲惫沉浮的人们，终于抬头，望向遥远的星空。

1999年，高考全国卷的作文题目是《假如记忆可以移植》，要求用科幻与时代作结。那些单纯与误解、冷寂与挣扎，俱成往事。

因为与高考撞题，《科幻世界》迎来创刊以来的高光时刻。历年旧刊、合订本均销售一空，销量跃升至40万册。

那年青城山笔会上，刘慈欣第一次现身。他带了一部作品，名叫《流浪地球》。

到了2006年，刘慈欣已连夺七年银河奖。那些在电厂长夜中积蓄的故事，终于为人所熟知。

那是卡梅隆的《阿凡达》之年，刘慈欣特意从电厂跑到太原看电影，看完有些失望，觉得"想象力不足"。

他想起90年代时做的一个实验。

他编写程序，把每个文明简化成一个点，在十万光年半径内设定 30 万个文明，然后扔进 286 计算机运算。

文明在窄小的屏幕中涛生云灭，变化诡异。

那是《三体》的最初灵感来源。2006 年，《三体》第一部在《科幻世界》上连载。

一年后，《三体 I》单行本出版，《科幻世界》杂志社门口时刻停着面包车，每天不停地把书运到邮局，发往全国。"要发的书太多，邮购部的人上个厕所都是一路小跑。"

2008 年，《三体 II 黑暗森林》出版。2010 年，《三体 III 死神永生》出版。刘慈欣被读者封神，甚至衍生出三体学。

有读者说，这世上只有三类人：没看《三体》的，看一半《三体》的，看全《三体》的。

从 2008 年开始，各地书店的科幻小说区，《三体》总会在明显位置被摆成独立金字塔书堆。

2015 年 8 月，宇航员林格伦在国际空间站宣布，刘慈欣凭借《三体》获得第七十三届雨果奖最佳长篇小说奖。

刘慈欣因故未能到现场，译文作者代他领奖时，第一句话是："这是一个漫长的夜晚。"

三

2014 年 11 月，《三体》英译本在美国发售，一度登上亚马逊的"亚洲图书首日销量排行榜"榜首。

奥巴马度假时带着《三体》，甚至找出版社走后门要当时尚未正式发行的《死神永生》。

星夜开始露出本来模样。刘慈欣之后，郝景芳也凭《北京折叠》获得雨果奖。那些藏匿在大厦或荒野间的想象世界，终于有了落脚之处。

1999 年的高考作文，山东少年郭帆差两分满分。很多年后，中影让他挑剧本，他一眼选中《流浪地球》，因为在《科幻世界》上读过。

电影《流浪地球》在春节档上映，虽然存在诸多瑕疵，但依旧被认为是中国科幻电影的里程碑。

那些凝视谜题的奇思，那些远征星海的畅想，似乎才刚刚开始。

2018 年年底，《飞碟探索》停刊，后来又传言只是休刊。杂志如飞碟般消失，归期未知。

然而这一次，人们投向星空的目光不会再消散。

刘慈欣在小说《朝闻道》中写道："乱发披肩的原始人，第一次抬头凝望星空。黑暗瞳仁，第一次印出银色光斑。外星人警报大作，认为这个文明已达阈值。"

当生命意识到宇宙奥秘的存在时，距它最终解开这个奥秘只有一步之遥。

此身在处，便是新的故乡

时代是上涨的江水，我们都是两岸的移民。

一

11 年前，南方大雪，广州火车站广场十万人滞留，人浪起伏，如风暴前的怒海。

局势几度失控，武警拿着喇叭喊话："你们回家重要，还是生命重要？"

上万人怒吼回应："死也要回家。"

几天后，一对湖南情侣模仿电影桥段，从天桥跳向列车车顶，男子不幸触电身亡。

同日，一位甘肃农妇急于进站，攀越站前高架桥时，从十余米高处坠落后陷入昏迷。她手里紧紧攥着一张高价黄牛票，后经鉴定，是张假票。

悲壮的气息在广场弥散。入夜，人们开始唱《有钱没钱回家过年》。

歌声像火炬般在人群中传递，曲调走形，但充满力量。

这首歌创作于2006年底。北漂音乐人陈晓龙独自在京过年时，接到父亲的电话，"人老了，见一面少一面"。

伤感和思念在蜗居中徘徊不散，最终化成了这首歌。

他找了一群北漂朋友，共同录制，制作费用就是请兄弟们吃了顿饭。

2007年，网络歌手龙梅子参加《星光大道》，第一关就被PK掉了。主持人毕福剑特许她加唱，她哽咽着唱了这首《有钱没钱回家过年》。

节目播出时，这段被剪掉了，但歌声却借助网络传开。华谊公司买下版权后，交给王宝强翻唱。

王宝强曾说，《士兵突击》是等待在他命中的电视剧，而这首歌就是等待在他命中的歌。

走红之前，王宝强漂泊北京，连续三年没回家过年，也没跟家里人联系，总想着混出名堂再回家。

第四年冬天，他实在熬不住给家里打了一个电话，用的是小卖铺的公用电话。"你们都好吧？庄稼怎么样了？"

电话那头沉默一会儿后，哭骂声传来："你怎么这么长时间不跟家里联系？以为你死了。"

2010年，在电影《人在囧途》中，王宝强再度唱起这首他心爱的歌。

乡间土路上，阶层各异的人们挤在一辆旧大巴中。"有钱没钱回家过年"像一句魔咒，所有人都情不自禁地放声歌唱。

故乡是牵挂，故乡是港湾，故乡是来路亦是归途。返乡团圆是除夕时人们最大的心愿。

1990年春节，潘石屹落魄海南，无钱返乡。此前，朋友建议他先坐船到广东，然后扒火车回家过年。

潘石屹想了下从广东扒火车回甘肃的难度，放弃了。他最后的指望就是能找到台电视看春晚。

家人除夕夜也一定守在电视前，大家都看同一场晚会，便如同在一起过年。

海南的夜很黑，远处有稀落的烟火。他四下环顾，努力寻找故乡的方向。

二

故乡是魂牵梦萦的终点，然而在时间洪流中，这个终点正不断模糊。

对于生活在故乡的人，变化如蚕食；对于一年一返乡的游子，变化如翻页，每一页都是新章节。

轰鸣的工厂关闭了，热闹的集市消逝了，古老的小楼变作喧闹的商场，街角的录像厅一路进化成游戏厅、网吧，最后化作早教中心。

城市如不停扭动的魔方。

而在城市边缘的乡村，时间正抹去残痕。祠堂的古锁锈迹斑斑，村舍之间寂静无人，越来越多人迁入城镇。

俞敏洪说，他的故乡早已消亡，留下来的不过是一条石板街和一座石拱桥。

潘石屹回到甘肃天水老家时，他掀起村里空地上一块化纤地毯，对朋友说："过去这里有座小房，这个位置有个炕，我就是在这里出生的，从这里来到这个世界。"

消失的不光是街巷，还有熟悉的亲朋。

几年前，曹德旺返乡，同辈人只余十几位，他已成辈分最大之人，村里的年轻人完全不认识他。他和故乡的牵连，只剩一笔笔捐款。即便曾经相熟的人，在时光中也慢慢变了模样。

《江湖儿女》上映前，贾樟柯写了篇长微博，追忆故乡往事。

少年时叱咤街头的热血青年，如今已变成头发稀疏的大叔，蹲在院门口，呼噜呼噜地吃着一碗面条，与世无争。

我们以为记忆中不变的坐标，其实都各有各的命运。

蒋方舟年少时，隔壁男孩是她的玩伴儿。大人玩笑时，还曾定下娃娃亲。她长大后再回老家，变化的不光是城市，还有童年时的玩伴儿。

"我和他说我要去北京，趁着年轻拼搏，他脸上就真的出现了闰土那种欢喜又凄凉的表情，大家很尴尬。"

一切都在消逝。街巷在消逝，童年在消逝，最后你熟悉的生活也会消逝。

不同的生活，会有不同的圈层。你离开一种生活久了，即便回来，也是过客。

潘石屹每次回乡，总会找童年的玩伴儿重温往事，试图抓住故乡的影子。

2013 年国庆，他把 11 名老同学接到北京，带他们看天安门、住长城公社，以及参观他的 SOHO。

潘石屹在村里人缘很好，但有些儿时玩伴儿还是会刻意疏远。"生活不一样，差距太大了，人家上天了，我还在地上。"

成名后，王宝强回乡，依旧下田干活儿，但随着名气越来越大，他变成了移动的景点，走到哪里，都被围观。

他请童时年的朋友们吃饭，兴奋地讲怎么拍电影。席间没谁听得懂，每个人都兴奋地举着手机。

三

春运是最后的回眸，故乡是消逝的幻梦。而这一切，在 30 年前便已注定。

90 年代城镇化浪潮开启，1990 年时中国城镇化率为 26.41%，而 2018 年年底时，中国城镇化率为 59.58%，增长约 33%。

同样的历程，英国用了 110 年，德国用了 90 年，而我们只用了 30 年。

30 年间，几代人揣着录取通知书、打工介绍信、进货本金走出故乡，走进大城市，开启了一场史无前例的迁徙。

时代是不断上涨的江水，我们都是两岸的移民。

春运就是迁徙中不舍的回望，而江水正慢慢淹没来时的道路。

我们和故乡之间有一根脆弱的细线，原来是亲情，后来是追忆。而那根细线，终会崩断在时光深处。

梁文道曾在《圆桌派》上说："我总觉得春运会慢慢减缓。随着老一辈人逐渐去世，过去进城的那一代人开始在城里面落下根来。"

或者说，此身在处，便是新的故乡。

多年后回望，那些骑马返乡、滑板返乡的社会新闻，那些城里孩子不知鼓风机、乡下老人不识佩奇的苦笑，无不带着一个时代特有的浪漫与艰辛，那都是大迁徙的烙印。

挥别雾霾

伦敦治霾用了 62 年，洛杉矶治霾用了 56 年，我们所经历的不过是开始。

一

2012 年并非雾霾出现的起始之年，但却是人们抗击雾霾的元年。

人们最初的抵抗方式原始且悲壮——单薄的一次性口罩，"万能"的板蓝根茶，紧闭的门窗，以及工位前新添的一盆绿萝。在石家庄，有小学生在雾霾中打起"抗霾拳"，原理是打拳能"气沉丹田"。

很快，专业的防霾口罩开始脱销。2012 年，中国防霾口罩市场规模不过一亿，2013 年时已达二十亿，而今早已破百亿。

至于室内，2012 年年初时，空气净化器在淘宝的月销量不过十余台；雾霾锁城后，空气净化器急速断货；2016 年 10 月，空气净化器线上月销量已达 24.4 万台。

那些从海龙大厦黯然离开的电脑卖主们，迅速接手了空气净化器生意。他们夏天囤货，秋冬销售，从不失手。

雾霾来临时，他们成为朋友圈炙手可热的达人，甚至曾有空气净化器卖主关机 24 小时，理由是"不堪其扰"。

在成都，长相酷似贝克汉姆的意大利人 Mike，背着一台被改装的空气净化器招摇过市。这台空气净化器大小如书包，附有蓄电池电源，成都人因此称他为抗霾哥。

比空气净化器更高级的新风系统，成为都市人最后的底牌。

那些曾津津乐道雾霾段子的人们，最终面色惶恐，被迫砸墙打洞，建造微小的避霾港。

在北京，一度冷清的博物馆和图书馆迎来了新的使命。

国家博物馆 51 台新风机组吞吐不歇，让馆内 PM2.5 控制在 5 微克以内。而在国图少儿馆，家长和幼儿络绎不绝。

一位父亲陪着儿子看完了整套的《乌龙院》，但窗外阴霾依旧，如同窥伺室内的怪兽。

二

在北京京郊延庆，有个别墅小镇叫"原乡美利坚"。最早的一批住户大多开豪车而来，后备厢装满红酒。而后，更多的看房人则直言是为了躲霾，虽然这里 PM2.5 的数值也曾超过 200，但已是"北京最佳避霾圣地"。

更远一些的崇礼、张家口、葫芦岛，适时推出了针对性躲霾项目，但在雾漫华北的情况下，更多人选择南行。

他们脱离的不光是北京，而是整个北方。迁徙的终点务必空气清新、春暖花开。

网络上，有人晒出一周内从北京逃离安家深圳的经历。

他们描述在深圳生活的文字，读起来就清澈——"白天看云，夜晚看星，出了幼儿园，过天桥就是海滩，孩子每天在海滩疯玩到天黑。虽然教育水平和北京比有差距，但健康真的是第一位的。"

论坛上，有个天津女孩讲述了移居厦门后的感受："跟北京和天津相比，厦门的面积太小，城市小到去哪里都方便。生活成本虽然一样高，但小吃多，可选择的太多了，半夜两点也给你送到家。环境也好，天都是水灵灵的蓝，空气太好了，90%以上的天数都是优良，刚来的时候都不敢相信。"

当然，移居之后同样也有困扰，厦门岛内的房价已达每平方米七万元，位置好的楼盘，开盘价每平方米11万元。台风和雨季也令北方人不适，墙壁有时会渗水，鞋包收不好会长毛。

最南的海南，成为北方人最向往之地。操着东北话、北京话、河南话的人们，拥挤在大大小小的售楼中心。

三

去哪儿网的数据显示，2016年12月22日，"避霾""洗肺""森林"等关键词的浏览量暴增200%以上。

以海岛海滩、自然风景、空气水质为优势的目的地，广受欢迎。

甚至有近百人花费十余万人民币，远赴"世界最后的净土"南极避霾。

旅游毕竟只是暂时逃离的办法，移民成为一些人的优先选择。

2016年，中信银行私人银行与胡润研究院联合发布的报告显示，资产千万以上的中国移民中，56%的人是为了改善居住环境。

然而，对于中国中产家庭而言，移民并非易事。一方面，即便移民费用可以承受，但移民之后的收入难以保证；另一方面，受限于照顾老人等实际需求，异乡人并不易实现。

一个移民顾问说，每当雾霾爆表的时候，咨询人数都会猛增，但最后多不了了之。

"变卖一套北上广的房子，换来几百上千万，足以移民，可移民之后，语言不通，工作不顺，社会地位不保，文化交流不畅，加上思乡心切，赡养老人等，足以引发诸多矛盾，离婚的、抑郁的不计其数。"

这看起来像一个无解的谜题。

暴雪将至

中年危机的核心，就是人类适应新事物的能力下降。

一

2016 年 5 月 4 日，联合国官方微博发消息称，联合国对"青年"的定义是年龄介于 15 岁与 24 岁之间的群体。

于是，每逢"五四"前，这条微博总要被网民翻出，引来唏嘘一片。

90 后的"中年危机"便这样荒唐地到来。年轻人发现青春电光火石，衰老倒是不约而至。

2018 年 12 月，《中国青年报》抽样调查发现，1979 名 90 后中 79.6% 的年轻人已开始关注养生信息。

他们可以暴食，但餐后要多喝凉茶；熬夜不可避免，那就边熬夜边健身；有人才 25 岁，但已经每天准时准点吃维生素、护肝片、清肺保养药，并且周末要固定去郊区遛弯儿。

2017 年 3 月，可口可乐公司的财报显示，其销量连续五年下滑，净利润暴跌 80%。百事可乐的销量同样惨淡，主要原因就是年轻人喝可乐少了。

不是不爱喝，而是不敢喝，要养生。

2018 年双 11，从午夜二十四点到凌晨一点，一个小时，天猫卖出了 179 吨枸杞，购买的主力军是年轻人。

对了，他们还在 30 分钟内买光了天猫上的进口防脱发洗发水。

他们拧巴，他们纠结，他们内心长草，他们头上落发，他们在一个时代的重压下调侃取乐又迷茫无助。身体苍老，更多源自对未来的恐慌。

这个社会的节奏已如电光火石。90 后担心，如果庸庸碌碌生活，终会被时代快车甩掉。

二

90 后迎战"中年危机"尚能自娱自乐，而真正的中年人只能直面危机那粗野的喘息。

每一个中年人，活着活着，就活出了一种一个人对抗全世界的悲壮。

许多中年人，身在围城，身背重负，努力寻找命运的出口。

汽车入库坐在车上发呆的片刻，泡好茶摆弄手链的午后，以及在 KTV 中吼几首老歌的长夜，是他们有限忘记烦恼的时刻。

与年轻人对未来的迷茫不同，他们的危机和焦虑在于生活的一成不变。一成不变意味着稳定，但同样也意味着停滞。在这个时代，停滞是最危险的事情，一个恍惚就可能物是人非。

维修翻盖手机的师傅，贩卖柯达胶卷的小贩，诺基亚公司骄傲的塞班工程师，国际会议上冷艳的双语翻译……谁敢保证命运能从一而终？

而且，随着年龄的增长，机会正越来越少。

在职场潜规则里，35 岁就是求职生死线。

2019 年，在重庆一场招聘会上，近百家招聘单位中，超过八成的公司明确要求应聘者需在 35 岁以下；其他公司则称，一见面就能知道你多大，不用把年龄写出来。

2017 年，有人在华为内部论坛匿名称："中国区将集中清理 34 岁以上的交付工程维护人员，研发要集中清退 40 岁以上的老员工。"此后，华为辟谣。

任正非则在内部谈话中疑似回应，"华为是没有钱的，大家不奋斗就垮了，不可能为不奋斗者支付什么。30 多岁年轻力壮，不努力，光想躺在床上数钱，可能吗？"

时代推着你奔跑，前路变幻难测。

三

无论是年轻人还是中年人，所有的危机感都源于对速度的眩晕。

与弗洛伊德齐名的荣格，是"中年危机"最早的定义者。他调查发现，中年危机的核心，就是人类适应新事物的能力下降。

过去，这专属于中老年人，因为年轻人适应新事物快。但如今，全民都不适应。

时代翻页的速度太快了。历史上，一项新技术的普及需要上百年时间，而今，一项技术深刻影响社会，只需五到七年。

这意味着你的专业学识，你的职场技能，你的人生阅历，可能几年后就会过时。

上海社科院社会学研究所所长杨雄说，我们正处在一个"时空压缩"的时代：中国社会用30多年时间完成了欧美国家300年走完的现代化进程，自然也要承担别人几代人承受的压力。

在这种时代狂飙中，人们极易衰老且对未来缺乏安全感，活得越来越谨慎。

这会反向加深"中年危机"，你走得越慢，就会落得越远。

其实，对抗全民"中年危机"，我们有三种合适的应对方式。

首先是开拓视野，不依赖最熟悉的赛道。

每个人都有人生舒适区，也有最熟悉的领域。2019年年初时，一段有关唐山高速公路收费员的视频走红。收费站推行扫码收费，收费员大姐哭诉："我36岁了，青春全献给了收费站，除了收费啥都不会，以后怎么活？"当你在这个变化的时代一成不变，就要承担命运颠覆的风险。

其次是与优秀者同行，形成自我迭代的气场。

近五年，中国报考 MBA 的人数，每年增长率约20%左右，各地商学院学费昂贵，但仍人满为患。知识固然重要，但和谁一起竞跑更重要，这决定着人生的基调。

最后，也是最关键的，在莫测的未来到来前提前积累财富。

与其数着保温杯里的枸杞忧虑衰老的到来，不如尽早投资，掌握未来的主动权。那些悟出谜底的年轻人和中年人，无暇感慨衰老，早已开始布局。

他们选择洼地，购置房产；他们自学金融，钻研理财；他们用投资积攒命运底牌，使焦虑无从侵袭。

他们所选的投资，寄托着他们的生活哲学。

做时间的朋友

这世上最怕跨年的人，名叫王质。

一

小时候，对元旦最深刻的印象，来自电视里的新年钟声。

那些年，听过许多地方的钟声，印象中有苏州寒山寺、北京雍和宫及西安的大慈恩寺。

零点将至，灰袍僧人荡起钟锤，古钟颤动，空灵的钟声响起，新年到来。

钟声从老旧电视机中传出，就像看不见的波纹在房间中一圈圈荡漾，震落所有摆设上岁月的尘埃，并告诉你，一切都是新的。

其实，前一刻的你我和下一刻的你我，并无太大分别，但在跨年夜，我们已经有了新的时间国度。

新的挂历上，有个女郎明眸且善睐。新的台历上，有个数字陌生而亲切。

窗外依旧是漫漫寒夜，期末考试须臾将至。在那个时代，元旦最大的意义，就是在仪式感上给你一个新的期望，并附赠个香甜的好梦。

长大后，元旦的节日地位一度尴尬，它经常在忙碌中被平淡度过。

购物有圣诞，拜年有春节。元旦并没有饺子和烟火，有的只是醒来时满屏懒于回复的群发短信。

直到有微博和朋友圈的时代，元旦的地位才不断被提升，意义也不断被放大。

有人去苏格兰举着火把过年，有人去日本听着神社钟声过年，有人刚进 12 月就开始总结当年，期盼这一年早点结束。

二

2008 年，在成都玉林一家饭庄内，我和同事酩酊大醉，席间有人痛哭失声。

我们刚结束在汶川灾区的采访，大家相约，十年后结伴重来。

那时，十年短暂得近乎调笑，漫长得过于模糊，没人知道十年的长度和重量。直到我亲身穿越了十年，才明白有关时代的悲喜。

很多年前，看过一部电影，名叫《人生遥控器》。

主人公觉得人生太琐碎，急于感受关键时刻。他得到一个神奇的遥控器，于是不停地跳转，结果人生支离破碎，徒留伤感。

而我们在过往数年留下的，只有节点记忆，丢失的恰恰是过程。

西晋时，有个青年樵夫叫王质。他打柴时误入洞府，看两个小孩下了一局棋。

他离开后，发现洞外已过百年，父母亲友皆已故去。

孤独的他，站在村庄之中，不知自己因何而来，也不知时间因何而去。

我猜，此后的岁月，王质最怕跨年，他被时间裹挟而去，被未知力量抹去岁月，并且不知归途。

在那个当下，他该如何与时间做朋友？

三

2018年，我曾到青岛崂山求签，那道观靠山面海，气势恢宏，香烟缭绕中，道士抖动竹筒。

出道观时，我在道观的石墙上看到一只猫。那猫半梦半醒，似睡非睡，在冬日午后清冷的阳光中，卧看一片山海。

在它眼中，香客信徒不过都是过客，今年明年其实皆是日子。它无需求签，命运自有归宿。

它的生活中，没节点，只有过程。

道观的旁边，有面著名的砖墙。

那些看过《崂山道士》动画片，憧憬着穿墙术的年轻人们，一次次笑闹着撞墙，竟在墙上留下深浅不一的灰痕。

　　看到朋友圈都在疯狂发 18 岁照片时，我莫名想起那面墙。

　　那一张张照片，就像墙上的一道道灰痕。

出口

自由

当你有所坚持
岁月总有回甘

国士无双

"我死不要紧，字画一张都不能动。"

一

1923 年 6 月 27 日，紫禁城建福宫忽起大火。大火肆虐一夜，最后在地上留下一个焦黑的龙形。

建福宫起火前，紫禁城内偷盗成风，溥仪刚下令彻查，大火便在深夜莫名烧起。

那个喧闹长夜，炙热又冷寂。火光之外，成片宫殿沉溺在阴影中，如垂暮老人。

数日后清点，大火烧毁了 2665 尊金佛，1157 件历代名人字画，435 件珍稀古玩，以及数万册内府古书。

内务府以 50 万元的价格，将火场的灰烬卖给了城里的金店。金店从灰烬中炼出了一万七千多两黄金。

那年的新年典礼，英国《每日电讯报》记者受邀登上城楼。皇帝的讲话依旧华美而庄严，但远处一直有乌鸦盘旋。

九个月后，国民军在景山架起大炮，限清室两小时内移出宫城。

溥仪正在储秀宫内和婉容吃苹果、聊天。大臣们跟跄跄跑来，溥仪惊起，咬了一口的苹果滚落在地。

国民军安排汽车候在角门。下午四点十分，末代皇帝告别了爱新觉罗家族占据260年的宫城。

数月后，民国政府成立"清室善后委员会"。众人进入宫城，每一处院落都蓬蒿满地，高与人齐，只能手持镰刀开路。

"一进神武门洞无法行走，因为西北风打得身子直转，身不由己地撞在神武门洞两壁，可以说是打着转进宫的。"故宫古建守护者单士元回忆道。

查点工作完成后，旧宫城正式定名为故宫博物院，并于1925年10月10日对民众开放，票价半块银圆。

故宫博物院开放日当天，十万民众涌入，"六宫之中，无处不如蚁聚焉"。

储秀宫内，被褥凌乱，盆花枯萎，桌上还特意放着一个咬了一口的苹果。

当时，故宫共藏编号文物117万件，成为民众心中的中华重地。

"九一八"事变后，国民政府决定将文物南迁，结果遭遇空前反对。

每天都有民众堵在故宫门口，他们声称"有文物才是北京"。爱国人士寄出恐吓信，扬言在铁轨上装了炸弹。

将军李左翔要求将文物拍卖，以便购买500架飞机。而日本人则发文称，中国的宝物也可由日本代管。

最终，时任故宫博物院院长易培基说："国亡，尚有复国之日；文化一亡，则永无补救。"

1933 年 2 月 5 日，夜幕中，一大批板车载满木箱，出午门，前往前门火车站。

车上共有 13427 箱零 64 包文物。除了车辆的声音，一路无人说话，队伍沉默凄凉。

押送队伍先到上海，又转战南京，最后兵分三路转移。押送员以命相护，一路也有如天佑。

曾存放过文物的湖南大学图书馆，在文物搬出不到四个月就被炸毁；重庆几个仓库，在文物搬出后不到一个月就被炸掉；存放在南郑文庙的文物，运出后 12 天，庙宇便被七枚炸弹夷平。

"我们在前头跑，日本飞机在后头追。我跟你说这也怪，我们只要前脚一走，后脚那儿就炸。"当年文物押送员梁廷炜的后人说。

他们穿越秦岭、横渡长江、辗转蜀道，行走于破碎的山河。

多年后，他们终于又回到故宫。那 13000 多箱故宫文物，无一损坏丢失。

二

离宫后，溥仪移居天津，并通过旧臣变卖文物。皇族们纷纷效仿。

民国公子张伯驹酷爱收藏，听闻皇室国宝《照夜白图》被卖给了日本人，痛心不已。

后来，他几经周折，抢在日本人之前，从皇族溥儒手中重金购得中国书法之祖《平复帖》。

1941年，他在上海被特务组织绑架、勒索钱财。张伯驹告诉家人："我死不要紧，字画一张都不能动。"

僵持八个月后，绑匪妥协，降低赎金。张伯驹的妻子四处借款，将其赎回。

此后战火连绵，张伯驹把《平复帖》在内的所有字画缝入衣被，流亡西安。

日本战败后，溥仪在东北出逃，他留下的1000多幅字画遭伪军哄抢，不少作品被撕毁或焚烧。

古玩商马霁川等人前往长春，收购了中国现存最早的山水画——唐画之祖展子虔的《游春图》。

张伯驹听说后，建议故宫博物院收藏，得知故宫博物院经费困难，他表示："院方经费困难，伯驹愿代为周转。"

该画售价最终定为200两黄金。为此张伯驹卖掉了15亩的宅院，又当掉了妻子的首饰。但因交付的金条成色不足，张伯驹答应尽快补齐。

散尽家财的民国公子已囊中羞涩。经卖家多次催促，他才于1948年年底补到170两。

南京总统府秘书张群曾愿以500两黄金买下《游春图》，被张伯驹回绝。

"予所收蓄，不必终予身，为予有，但使永存吾土，世传有绪。"

1952年，张伯驹先后把《游春图》《平复帖》等22件国宝级书画，以捐献等形式送归故宫博物院。1964年春，他又将余下的重要藏品捐赠给吉林博物馆。

故宫博物院曾奖励他20万元，被他婉言谢绝。

此后世事变幻，故宫博物院一度尘锁宫门。

皇宫的皮货、药材被卖给了药材公司，近九成八旗盔甲被处理给了电影厂。

盔甲的内衬，被人拿去当了小孩尿布；里面的江南丝绵被拆下，折价卖给员工做棉被。

张伯驹一度被下放农村。70岁那年，他们夫妻两人被公社拒收，在大雪中返回北京。

当年的民国公子，成了房屋被占、没有粮票、没有户口的落魄老人。

1978年，宫门重开。久未打理的故宫库房，空气里尽是尘土。

梁廷炜的儿子从内蒙古返回北京，成为故宫的泥匠。

每年春天，他都会爬上故宫的屋顶，用百年不变的技法，为每个琉璃瓦缝隙压灰。

瓦片被晒得滚烫，胶鞋踩上去刺啦作响。墙下的外国记者举起相机，留下故宫重见天日时的剪影。

什么都变了。只有红墙、老树与昏鸦，依旧守着夕阳。

三

全世界博物馆藏品结构都是金字塔型，珍贵文物只有塔尖一点。

唯有故宫，珍贵文物占了 93.2%。中国有 4700 多家博物馆，珍贵文物 401 万件，故宫一家占去四成多。

李敖曾放言，故宫的精品都搬去台北了，北京没有瓤子，只余空壳。

2005 年，他受邀携妻儿游览故宫，漱芳斋内历代珍品琳琅满目。狂人收敛傲气，拿出放大镜仔细研看，"我对以前对故宫的评议，表示忏悔"。

那些书画尚在，曾守护他们的人已经远去。

晚年的张伯驹，靠亲友接济度日。20 世纪 80 年代他恢复名誉后，有人看到他在莫斯科餐厅点了两片面包。吃完一片，把腐乳如黄油般细细涂抹在另一片上，然后用手绢包好，悄然离去。

每当故宫举办画展，老先生都会独自前往。他看得潦草，如老友相见。

1980 年夏天，他与启功等学者游颐和园。同行的领导问他，何不考虑将自己的藏品收录成册，流传于世？

他淡然说："我的东西都在故宫，不用操心。"众人肃然起敬。

从 1992 年开始，海外回流的文物，拍卖价格一路飙升。

1995 年，故宫竞拍宋代《十咏图》，600 万起价，多轮举牌后落锤在 1800 万。有买家还想加价，大家高喊："就给故宫吧！"

买家这才作罢。

2018 年 4 月 2 日，张伯驹先生 120 周年诞辰，故宫武英殿举办纪念展。大殿之内，满目铁画银钩，历代书画珍品连成笔墨江河。

那些书画沉默无言，但它们亲历过的故事永难磨灭。

时光在此鞠躬致敬。

大国重器，国士无双。

诗歌如烈酒，灌醉了整个80年代

无花无酒锄作田。

一

28 岁的陈凯歌，站在玉渊潭的土坡上。土坡边的湖中，水气蒸腾上升，在天空酝酿着雷的力量。

土坡外围了三圈观众。最里圈穿黄衣的是中国人，中圈穿花衣的是外国人，最外圈穿白色制服的是警察。

那一天是 1979 年 4 月 8 日，所有人都是诗歌的信徒。

土坡上，陈凯歌念了食指和北岛的诗，声音高亢，尾音刻意追求触电的感觉。

日后的大导演陈凯歌，那天只是狂热的粉丝。上场前，北岛问他：你想明白了么？要当众忘词就砸了。

他站上土坡半天，观众继续喧嚣，他完全镇不住场。身材瘦高的诗人芒克站起身，冷眼扫了一圈，四下俱静。

诗人，才是那个时代至高的主角。

一年前，芒克还是造纸厂工人，闲暇时，他和北岛喜欢在朋友陆焕兴家办诗歌沙龙。

陆焕兴家在东直门外，各路诗人常云集于此。

那时，陆家门外还是菜地。入夜，诗人们站在亮马河边眺望，夜风凛冽，隔岸使馆区灯火通明，恍如两个世界。

北岛读懂了夜风中的气息。他和众人商议办一本诗刊，最终定名为《今天》。

往事不可追，未来不可知。那一代人有的，只有"今天"。

1979 年 12 月 22 日，《今天》创刊号完成，用最便宜的蜡纸油印，首印 1000 册。

印完当夜，众人在东四十条摆酒，豪饮二锅头，为北岛、芒克和陆焕兴饯行。

第二天一早，三人骑车挎包，向城中心进发。他们把《今天》创刊号，从西单王府井一路贴到社科院和人民文学出版社。

三人分工明确：芒克刷糨糊，北岛贴，陆焕兴用扫帚刷平。每到一处，围观者甚众。警察很少阻拦，有的警察还跟着念诗。

第三天，他们把创刊号贴进了高校。北大和清华的学生热烈欢迎。但在人大遇到点阻碍，他们走后不久，保安就给揭了。

那些诗句充满了野性的力量。在西单，23 岁的顾城站在创刊号前久久不愿离去，缠着姐姐带他去找《今天》编辑部。

多年后，芒克回忆，顾城腼腆得像个孩子，但眼睛亮得像会说话。

一年后，顾城写下"黑夜给了我黑色的眼睛，我却用它寻找光明"的诗句。

诗句辗转传入北大，15岁的大一新生海子如痴似狂。他开始动笔写诗，后来和同校的骆一禾、西川一起被称为"北大三剑客"。三人有分工：海子写天堂，骆一禾写地狱，而西川写炼狱。

整个时代开始为诗歌癫狂。

三人在北大大讲堂朗诵诗歌时，场内不设座椅，两三千听众席地而坐。最鼎盛时，窗台上都坐满了人。

他们每念一句诗，都像深水中的一次爆炸，震荡出巨大的涟漪。

夜晚，高校诗人们喜欢在海淀夜游。他们穿过一条条街巷，徘徊在一个个校园，最后坐在主席像基座的台阶上，声音轻快地念起诗。

二

诗歌如烈酒，灌醉了整个80年代。

80年代初，人民文学出版社的编辑每天都能收到四五百份诗稿，有的信被写在烟盒上就寄来了。

舒婷的一本《双桅船》，印了一百多万册。北岛和顾城夫妇去四川领奖，读者冲上舞台要签名。

那时酒桌上兴之所至，人们常会随机点选一人作诗。被点到的人当即放下酒杯，随兴赋诗一首，管他押韵不押韵。

比较高级的形式，是念一首诗，然后再唱一段多明戈高音，最后以曼德尔斯塔姆的诗句作结——"黄金在天上舞蹈，命令我歌唱！"

念诗念久了，身上常多侠味。在诗人眼中，诗句如刀剑，人间即江湖，天下可任来任往。

西川说，那时写诗的人，脑子里都有张全国诗人地图："比如我去一地方，我得知道这地方谁写诗最棒。最棒的人就是总舵主，你得拜码头，你得跟人见一见。"

一位诗人就这样找到西川，吃完饭，把碗舔干净，倒上开水，滴一滴酱油，吸了一口："鲜！"端起来让西川也尝尝。

而另一位诗人，西川问他叫什么，他却反问："这重要吗？"

一句话让西川自惭形秽："我算哪门子诗人？"

1986年时，全国已经有2000多家诗社，以及百十倍于此的诗人。市面上流通的非正式油印诗集有905种。

诗歌成为最通用的"证件"。诗人们在全国串联，如游侠般自由奔走，无拘无束。

天南海北的人见了面，只要报一声"我是诗人"，就能坐下吃饭，开口谈诗。主人还得好生招待。

江湖在80年代尾声时远去，商业大潮让诗人们猝不及防。飘摇的袍袖粘上人间烟火，也终究变得油腻。

1988年夏天，芒克等人成立了"幸存者诗人俱乐部"，网罗了那些仍在坚持与潮水抗争的诗人，包括海子。

俱乐部在北京西便门的三味书屋成立，到场庆贺的粉丝里还有姜文。不过，那时诗人还是时代的主角，没什么人搭理影帝。

第一次参加俱乐部的朗诵会时，海子朗诵了自己的长诗，现场批评声四起。

那是最后一次意气之争。

几个月后，海子在山海关卧轨自杀，年仅 25 岁。诗人们说，好像海子是为了诗歌，为了大家而死的。

海子死后两个多月，为他整理诗集的骆一禾因脑出血去世。"北大三剑客"只剩西川。

1993 年，顾城夫妇的命运终结于新西兰激流岛。终结方式并无诗意，反而充满残忍。

许多人有关诗的记忆就此中断。

三

90 年代初，北岛旅居海外。他说，中文是我唯一的行李。

《今天》复刊后，经费一直短缺，北岛便在洛杉矶找富人们募捐。

北岛说，《今天》回到了最初的起点，在告别诗意的年代，它反抗的是语言的暴力、审美的平庸和生活的猥琐。

一切都在洪流下踪迹难寻。食指从 1990 年住入精神病院，直至 2002 年才出院。12 年间，跨越两个时代，也跨越两个世纪。

已经 68 岁的舒婷住在厦门鼓浪屿的一座老洋房里，她的最后一本诗集停留在 1991 年。

街边油腻的烧烤店和各式店铺让她感到厌烦，她想搬走，但是没钱买新房。经常有导游领着一帮游客在她家的巷子口解说《致橡树》。

2018 年，68 岁的芒克早已搬到宋庄，做起了绘画，用卖画的钱交了首付。

他和一帮 85 后的画家和音乐人混在一起，他们喊他"芒爷"。很多人都不知道芒爷曾是个诗人，曾是那个时代最自在的诗人。

有一次，芒克和北岛参加一个诗歌活动。相识 46 年后，两人同台朗诵。

芒克已经满头白发，背有些驼；而北岛，于 2012 年中风之后，更是一度失去语言能力。

活动结束后，两人拥抱分别。走出几步后，芒克后回过头喊了声北岛的本名："振开！走啦。"

很多年前，北岛在那篇《波兰来客》的散文中写道："那时我们有梦，关于文学，关于爱情，关于穿行世界的旅行。如今我们深夜饮酒，杯子碰到一起，都是梦破碎的声音。"

高粱一梦

那里有暑气的残温，再无火红的高粱。

一

1986年夏天，北京332路老旧公交车上，张艺谋挤在人群中，凉鞋被踩断，一只脚鲜血淋漓。

他艰难寻到北京西郊一个筒子楼，在水房冲脚后，按指点，冲厕所边房间高喊："莫言！莫言！"

莫言探出头，看他像生产队队长，他看莫言像队里的会计。人世间所有初遇，其实都是久别重逢。

那年张艺谋36岁，在山西山沟里演《老井》，把自己打磨得老态横生。

他在《人民文学》上读到《红高粱家族》，连读数遍，就像翻动一片片写意的色彩。

他坐火车进京寻授权，聊了十分钟莫言就同意了。故事怎么改不重要，重要的是，张艺谋读懂了包在纸里的火。

一切在 1986 年的夏天都顺理成章。

那年夏天，崔健在工体吼出《一无所有》，程琳在西北唱响《信天游》，马拉多纳在墨西哥世界杯上连过五人。所有梦想，都恣意到没有框架。

一个即将摇晃时代的剧组就这样潦草成立。

莫言等人成为编剧，张艺谋拉来同学顾长卫做摄影，姜文是当仁不让的男主角。阳刚、野蛮、有爆发力，当时影坛姜文独一份儿。

向剧组介绍顾长卫时，张艺谋特意强调："这是北影摄影班第一名。"然而，顾长卫很快失手了。

最初，剧组选定的女主角是史可，因其体态丰腴符合剧情，但有副导演推荐了巩俐——一名中戏大二学生。

剧组决定顺便见见，会面 20 多分钟，顾长卫全程摄像记录。回来后看素材，剧组发现顾长卫全拍虚了，只有四五秒实景。

就是这几秒素材，让导演组决定选巩俐，"她更有味道，老天爷赏饭吃"。

剧组聚齐后，去山东莫言老家吃了顿饭。张艺谋雄心勃勃，莫言则忐忑难安。

莫言觉得巩俐一点儿都不像书中的"我奶奶"，学生气太浓，吃饭时还抱怨饼里没鸡蛋不好吃，"怀疑这部戏会砸在她身上"。

剧组决定把拍摄地定在高密，书中那个"最英雄好汉最王八蛋"的地方。

张艺谋说，那片野生高粱地，就是电影的第三个主角。

然而实际选景时，高密早无浓密高粱。农民连小麦都吃不完，谁伺候糙米。

张艺谋连夜赶回西影厂求助。当时电影还没立项，从送审拿证到开拍，最短时间要四个月，早过了高粱种植期。

西影厂厂长吴天明冒着政治风险，私下找厂里副业部门凑了四万元，"出问题我扛，先种上再说"。

《红高粱》就这样埋下最初的灵魂。1987年初，张艺谋回到高密，用每亩两百元的价格雇农户种了两百亩高粱。

他时常于雨后蹲在农田边，说能听见高粱骨节伸展时的脆响。

那一年夏天，天边总有大片火烧云。巩俐每天练挑水，到电影开拍时，神态、动作已和农妇分毫不差。

姜文喜欢在莫言家门前的河里洗澡，脱得只剩短裤，洗完再晒，将自己晒得黢黑。

正式开拍时，酷暑降临。

白晃晃的太阳下，热浪在高粱地中蒸腾着甘甜的气息。拍摄间隙，人们自在地躺在地上，风慢慢吹来，忽然间一切就成了新的。

踩倒的高粱间，规则是齑粉；放肆的颠轿中，礼法是玩笑。一切都回归生命的野性，天不能拘，地不能束。

张艺谋仍觉不够，他在几千里外的银川镇北堡搭了一个造酒坊，把所有狂放灌入那碗酒内。

古铜肌肤的汉子，端起泥碗，"九月九，酿新酒，好酒出自咱的手，好酒"。

拍完最后一个镜头，张艺谋把拍戏时穿破的一双鞋埋在镇北堡的黄土中。

他发誓，这部电影不成，以后再不拍电影。

二

电影拍摄时，原名一直叫《九九青杀口》，送审时才改为《红高粱》。

张艺谋说，那片无禁忌的红才是电影真正的主题。

后期剪辑时，张艺谋和副导演剪着剪着就扯起嗓子唱起歌来。吴天明拦不住，笑骂他们唱得像驴叫。

1988年1月，《红高粱》在复旦大学试映。张艺谋穿着军大衣登台，拉顾长卫等人唱了《酒神曲》——"喝了这碗酒，见到皇帝不磕头……"

一个月后，柏林电影节，因陈凯歌弃赛，电影局临时选送《红高粱》。

火红的高粱前，所有观众目瞪口呆。电影结束，掌声长久不歇。无人关心接下来的影片是什么，只等新闻发布会的到来。

《红高粱》最终赢得11名评委全票支持，中国电影首夺柏林金熊奖。

最慌张的是台下的中国翻译。他说："我在柏林国际电影节担当翻译十几年，虽然有无数中国电影来参加过电影节，但获奖这可是第一次呀。"

消息传回国内，票房飓风开始酝酿。

在山东高密，政府特意印了顺口溜宣传单，上有两句：《红高粱》《红高粱》，故事真实又荒唐。

《红高粱》4月公映，票价原本两毛五，但在大城市被炒到十块，仍供不应求。

全中国都在排队。影片在31万人口的银川上映了九天，观影人次超23万。

当年其他热门电影，卖出的拷贝数量不过六七个，而《红高粱》则卖出两百多个拷贝。

那年，《红高粱》的票房达到4000万元。有人按照今天的模式换算，相当于观影人次超四亿。

时代加上了火红滤镜。银幕前的人们亢奋、喜悦、悲伤、释放，他们如醉酒般走出影院，摔下虚拟的酒碗，仿佛一下就伸展开了。

在北京南城，16岁的陆川看完电影说："感觉像洪水决堤。"他以前的理想是当诗人、作家，那天之后，他想当导演。

夜晚，空荡的长街上，人们拎着啤酒，高唱一嗓子："妹妹你大胆地往前走啊。"歌声掺着粗糙的颗粒，马路都变得宽敞了。

也有人不喜欢。电影公映后，有人认为不合传统，有人认为色情、低级，还有评论家上升到电影"辱华"的层面。

作家和学者开始声援，生活的真实才是传统的根基，批评者其实缺乏自信。

张艺谋说，那个年代，老百姓笑骂都随心，"看完感觉痛快，心里扑腾扑腾的，就够了"。

那个月，在北京车道沟10号中国兵器工业计算机应用技术研究所内，中国人发送了第一封电子邮件。正文只有八个字：越过长城，走向世界。

高粱熟了。

三

1988 年，最流行的歌是王杰的《一场游戏一场梦》。清冽的嗓音中，有些故事，忽然就属于昨夜。

1993 年，张贤亮在镇北堡开发西部影视城。影视城挂牌那天，他挖出了张艺谋曾埋下的鞋，放入展览室。

2012 年，莫言获得诺贝尔文学奖。

两个月后，在瑞典斯德哥尔摩一家电影院内，莫言与众人一起看《红高粱》。入场时，观众大声唱："妹妹你大胆地往前走啊。"

人们问，《红高粱》讲的是什么。他沉默了一下说，长期压抑的人们，内心深处有很多东西需要释放。

银幕上晃动的高粱，像一场破碎的旧梦。

1995 年拍完《摇啊摇，摇到外婆桥》后，张艺谋和巩俐黯然分别。

两人直到 2006 年才再度重逢——巩俐参演张艺谋的《满城尽带黄金甲》。

发布会上，张艺谋说，14 年前，他曾在长城上许愿，让巩俐演一回女皇，没想到今天才如愿。巩俐扭脸拭泪。

那部电影的色调，到处都是商业时代最闪耀的金黄，可再也没有红。

2008 年，张艺谋执导奥运开幕式，鸟巢上巨大的脚印破空而来，又疏忽消散。

此后的故事庸碌平常。

2016 年秋天，张艺谋推出新作《影》，颜色只剩黑白，票房输给了周润发的《无双》。

人们说，看见发哥，就想起那个恣意的 80 年代。

张艺谋也在想念。在和许知远的对话中，他说，那时人人都渴望了解新世界。

新世界是那般单纯，每个生命都有一个出口。

"那时候谈恋爱，你就拿一本《弗洛伊德》，就谈成了。"

他坐在那里，向极远的时间张望。那里有暑气的残痕，再无火红的高粱。

时光洪流

我们终要习惯散场之后的生活。

一

1999 年，刘德华在电影《暗战》中首次展示时间的毒性。他戴上衰老的面具，酝酿迟暮的咳音，并亦真亦假地往杯中吐血。

他凭此片首夺香港电影金像奖最佳男主角，《暗战》也成了其转型之作。

张艺谋一直觉得刘德华不过是香港偶像，直到看了《暗战》，才认可他的演技。

2004 年，张艺谋邀请刘德华出演《十面埋伏》。当年，张艺谋心中还不止黑白。电影的主场景是竹海，到处都是生机勃勃的绿色。

彼时的中国满是生机。故事无论悲喜，都节奏轻快。

张艺谋在重庆拍《十面埋伏》时，张纪中正在九寨沟拍《神雕侠侣》。秋天时，金庸特意从香港飞来探班。

当年金庸已 80 岁，但玩性正酣。去九寨沟前，老爷子逛成都、游青城，半躺在挑夫的竹椅上，印证自己笔下的峨眉。

金庸到九寨沟的第二天，邵逸夫不期而至。金庸深夜拜访，因工作人员传话失误，邵逸夫不知情，一直未开门。

金庸火大，以手杖砸门。"有钱也不能这样欺负人。"开门后，误会烟消云散，江湖相逢，自然把酒言欢。

自在纵情的江湖故事在那一年不断上演，港台名流频繁北上，大陆成为主舞台。

凤凰卫视董事长刘长乐，说动李敖开播《李敖有话说》。这一播就是 735 集。

此前，李敖在台湾嬉笑怒骂，节目屡播屡禁，他自嘲做节目如游牧民族"逐水草而居，走到哪儿算哪儿"。

2005 年，李敖飞抵北京，开启神州文化之旅。所到之处，尽享学者殊荣。

故宫为他拿出稀世珍宝《三希堂法帖》，国家图书馆让他深入地下看敦煌秘卷。

他调侃北大"人书俱老"，还在北大讲堂上洋洋自得：我演讲得到的掌声肯定要比连战多。

演讲结束后，李敖去前门烤鸭店宴请发小。他穿着红马甲站在长安街边，眼前一片喧闹的繁华。

李敖到访北京一年后，霍金也受邀访问北京。

他只能用面部一小块肌肉操作轮椅，但不妨碍他做《宇宙的起源》的演讲。他游览了天坛，感悟"天人合一"的东方哲学。

那个下午，各家报社的记者奔赴天坛。

夏日温暖的风从老旧的出租车车窗灌入，电台里念叨着前一年国民 GDP 增速 9.9%，经济要谨防过热。

司机调台，单田芳低哑的声音更受欢迎。

他的一部评书作品叫《三侠剑》，里面的主人公叫胜英，号称"三支金镖压绿林，甩头一子震乾坤"。

总结国运和人生，不过一句古话——时也，运也，命也。

二

2004 年，港星组团北上之际，香港亚视和内地电视台合拍了部电视剧叫《爱在有情天》。

这是蓝洁瑛最后一次在电视剧中露面，当时她饰演一位命运悲惨的贵妇，第六集时贵妇便自杀身亡了。

在剧中，她用悲悯又嘲弄的目光打量那些欺凌她的男人，时常抽烟，"烟很难抽，但难抽到能把不好的事情都忘了"。

戏里和现实并无分别，此后 14 年的光阴折叠如一瞬。她的生命在 2018 年谢幕，飘零如落在泥沼的桃花。

这一年，单田芳放下醒木，师胜杰离开方桌，臧天朔谢绝所有探望安静离去。

在时光洪流中伤感挣扎的生者，一样臣服于时光的力量。

在香港红馆，57 岁的刘德华在舞台上哭泣道歉："我真的唱不下去了。"

他中断了演唱会，随后取消了全部演出计划。

天王的迟暮时刻，他终于明白了时间的毒性。

当年筹拍《十面埋伏》时，张艺谋本来邀请了刘德华和梅艳芳两人，未想到 2003 年年底梅艳芳仓促离世。

人们不喜欢 2003 年。春天时失去张国荣，跨年前送走梅艳芳，非典阴影笼罩了大半年。

三

当宏观高潮衰退之后，个体的宿命就会像火炬般显眼。

那些远行的人们，其实是时光中的船锚。我们依赖他们，抓住那些风华正茂的岁月。

单田芳勾连着童年时燥热的午后，李咏锁定着电视主导的夜晚，霍金等同于时间和星空，而斯坦李则是通往英雄宇宙的秘密入口。

即便那些声音、影像、文字会千百遍重复传播，但他们走后，我们就失去了对旧时光的温度感知。

金庸说，希望他走之后，两百年内还有人看他的小说。

实现这个愿望没什么难度，只是那个江湖，读起来总会怅然若失。

潮退了，浪歇了，熟悉的人物组团谢幕。影院灯光亮起，我们终归要习惯散场之后的生活。

二月河的"帝王三部曲"最后一部收尾时，庞大帝国的故事以小人物作结——

　　年关将至的黄昏，老迈的刘墉在街边买烧饼。卖烧饼的小老头掀开通红的炉膛，不时翻弄，香味四溢。

　　时间即将开始新的轮回。

韵味规则

当你有了自己的规则，就有了自己的世界。

一

旅美作家张北海写尽美国故事后，笔锋一转，写了一本特殊的武侠小说，名叫《侠隐》。

故事发生在 20 世纪 30 年代的北平，一座温和的城池，一个寂寥的江湖。

那座城池和那个江湖吸引了姜文，他将这部小说改编成了电影《邪不压正》。

他将小说中主人公的居所改为内务部街 11 号，这里是他的旧宅，也是《阳光灿烂的日子》的拍摄地。

西安事变和卢沟桥事变是天边的惊雷，北平是惊雷下沸腾的湖水。男主角是湖水中的惊鱼，而女主角巧红则是湖中的莲花，尽展北平风韵。

这个最有味道的女性角色，姜文交给了他的妻子周韵。

这是姜文世界的核心规则之一。他造了千奇百怪的梦境，但梦境最好的诠释者，从来都是周韵。

周韵在温州长大，带着海边女孩的自由天性。

少年时，父母让她练琴，她叛逆不愿，三年后只能弹出《献给爱丽丝》头两句，家人一度认为她与演艺无缘。

然而，15岁那年，她背着父母，参加温州第一届广告模特电视大赛，并一举夺冠。

整座城市为她的笑容痴狂，有人深夜砸开灯箱，只为偷走她的海报。

直到十年以后，温州该项赛事的宣传语依旧是"你想成为下一个周韵么？"

对周韵本人而言，这场比赛只是一个游戏。她化名"周吴影"参赛，寓意来无影去无踪。

在决赛当日的评委席上，坐着中国第一经纪人王京花。比赛后，王京花对她印象不错，说留个电话吧。周韵以为人家是骗子，留了个假号码。

比赛后第二年，父母带她去看电影。那是她第一次去电影院看电影，看的是《阳光灿烂的日子》。

灿烂的阳光从银幕上亮起，她完全不知影片背后的男子与她的奇妙缘分。从那天起，她开始迷恋电影，迷恋姜文和昆汀。

她在家乡的企业短暂做过一段时间会计，然而她不喜欢数字，那也不是她想要的生活。

1999年，她和朋友到北京旅游。就如姜文喜爱北平一样，周韵对北京一见钟情。风沙中有一座大气的城市，处处都有机遇。

即便拖着巨大的行李箱，在积水潭漆黑的夜中爬天桥时，她也难以对这样的北京心生怯意。她是射手座，喜欢按自己的方式行走。

在东方歌舞团老乡的建议下，周韵报考中戏。读书期间，她便与梁朝伟合拍了广告；2001年，她又参演电影《天地英雄》，出演一个小和尚，为此剃掉满头长发。

那部电影的女主角是赵薇，但人们对扮相清秀，没有一句台词却灵气十足的周韵印象深刻。

拍完这部影片后，周韵原本有机会参演一部有关足球的电影，但报到后遭到制片人拒绝：演员全是男的，好不容易找个女的，你头发还那么短。

周韵返京后，有同学嘲讽，还有人笑她的温州口音，然而周韵浑不在意。名利圈是有诱惑，但演戏只是份工作。

她按照自己的规则安静行走，先是和李幼斌合演《我的兄弟姐妹》，又和孙红雷合演《走过幸福》。

2010年，她凭借《金婚风雨情》，获得第一届亚洲电视彩虹奖最佳女演员奖。

"我其实也没为做演员做什么努力，很自然地就得到了这个工作，很自然地有戏拍，很自然地结婚了，很自然地生孩子了。哪一样都没有特别刻意的。"

2009年，陈可辛监制《十月围城》，邀请她来演女孩阿纯。这个女孩唯一的一场戏，就是坐在窗边对路过的谢霆锋笑。

阿纯只有十七八岁,很多年轻女孩能演,为何要找当时 32 岁的周韵?

陈可辛说:"我见过很多女孩子,都只有 20 岁左右,可过了几年就变化很大。这么多年来,周韵是这个圈子里少数几个几乎没怎么变化的女演员。"

二

2001 年,在周韵参演的《天地英雄》里,姜文是主演之一。

他在中戏时的老师张仁里,也是周韵的老师,两人算同门师兄妹。

在片场,姜文会给周韵讲戏。"听我讲戏时特别专注,轮到她讲笑话时又很幽默,放声大笑的样子很纯真,我很欣赏她。"

后来,他们成为朋友,继而慢慢成为情侣、夫妻。

2007 年,姜文拍《太阳照常升起》时,想找一个有着 12 岁孩子的心态,又有着 22 岁长相的男主角,但中国哪有这样的演员?

周韵想了想,推荐了房祖名,结果大获成功。从那之后,姜文的电影选角,时常由周韵推荐。

在《太阳照常升起》中,周韵扮演了一位疯妈。那是一个有着极度张力的角色。

如果说全片是一首宏大又沉重的诗篇,那么疯妈就是全诗的灵魂。

剧中,周韵上树抓羊,跟猫说话,给树刨坑,用石头垒房子,并站在屋顶上用家乡话反复背诵黄鹤楼。在那个荒唐年代中，留下一个悲剧的剪影。

当然，姜文也有私心，他把镜头下的周韵拍得柔美又锋利，极具艺术感，镜头里凝聚着他的爱意。

2010 年，周韵再度参演姜文的电影。她在《让子弹飞》中饰演花姐，一个出身卑微但心有侠气的奇女子。

四年后，她再演《一步之遥》，这回的角色是大帅的女儿武六。这是周韵特别喜欢的角色，也最接近她的性格。"真性情，作风果敢，知情识趣，敢爱敢恨"，不需要讨好谁，想做什么就做了。

其实，从疯妈、花姐，再到武六，姜文让周韵扮演的角色从来都不是柔弱的花瓶，而是个性鲜明的奇女子。

这是姜文心底的周韵，也是让他迷恋的周韵。

和外界理解的刚柔并济不同，姜文和周韵的相处更像是两个骄傲的灵魂在倾谈。

周韵说，两人相爱，基础需要一样，气场都要很大。如果一方是三十层楼，另一方只有一层，那么，矮的那个一定会被吞噬掉，高的那个也觉得很没有意思。如果我是姜文的附庸者，那会很麻烦。

生活中，两人不喜欢泡吧、唱歌，不喜欢逛街、旅游，除了运动就是看书，或者一起找个街角安静地待着，观察人间百态。

姜文说，每当周韵用一种清澈幽远的目光看着他，他都会心绪宁静。"只要有她在，我就能安然入梦。"

三

姜文和周韵的组合，有着最动人的诱惑。一个是规则粉碎者，一个是规则信奉者。

姜文总喜欢超越规则，搭建自己的世界；而周韵则信奉规则，按自己规则行走。

她不爱穿高跟鞋，不爱拍照，不喜欢炒作绯闻。别人问她，为什么接片少？她反问，为什么要接片很多？

拍侯孝贤的《刺客聂隐娘》时，有一场戏是在日本的京都大宅中。

周韵走在长长的木头走廊上，后面跟着丫鬟，四野无人，只有鸟鸣和衣服摩擦的沙沙声。

周韵说，她喜欢那种感觉，自由、放松。

那是她的规则，不需扭捏作态，不需出格搏位，只需自然行走，可加速，亦可随时停步。

2010年，拍电视剧《金婚风雨情》时，她在外半年不能回家，有时做梦，梦见孩子突然长大，醒来时满心失落，对孩子有内疚感。之后索性就不再拍电视剧。

"我从来没有想过这么早结婚生子，但是碰到一个人结婚了有孩子了，我觉得这个关系很重要，很自然地，更多精力就会放在孩子身上，我很享受。"

演艺圈如染缸、如猎场，多少人台上风华绝代，台下满心焦虑。

然而周韵不。她说，人生至某一阶段，相夫教子比享受名利更重要。

"我不是不在意名气，但是我比较爱我自己，爱我心里那个比较舒服的自己。"

越是如此放松的周韵，越是有特殊的魅力，也让人们对她的下次出现充满期待。

2018 年夏天，姜文播放了新作《邪不压正》的预告片。其中，周韵闪现数个镜头。她于红墙之下侧首，束发之后持枪，黑衫明眸，干净利落。

原著中，周韵扮演的巧红温柔娴静、不参争斗，是男主角在乱世中唯一的牵挂，藏着北平最柔软的味道。但在姜文的镜头下，周韵冷静持枪，英姿飒爽，另有味道。

或许又和疯妈、花姐、武六一样，周韵眼神中，藏着故事真的灵魂。

生命中暗藏着一个"43"

每一次暂别日常,常会有别样收获。

一

在美剧《生活大爆炸》中,物理天才谢尔顿有一个专属的沙发座位。

那是他的宇宙中心,所有时间和空间都从此处展开。无论外界怎么改变,他的日子一成不变。

直至某日,朋友们发现,他常偷去一间地下室,还反锁房门。地下室的黑板上留有数字——"43"。朋友们百般猜测,甚至怀疑那是他捕获外星人之地,或者"43"是外星人毁灭宇宙的次数。

谜底其实很简单,那里不过是谢尔顿避开所有人的踢毽之处。"43"是他个人的踢毽成绩纪录。

他只是想暂时逃离重复的生活,告别集体,告别社交,在安静的某处做另外一个自己。

其实,每个人心中都藏着一个"43"。

马云的"43"是陈家沟的太极拳；雷军的"43"是后备箱的滑雪板；马化腾的"43"是抽屉里成摞的《天文爱好者》；周鸿祎的"43"是墙上布满枪眼的黑色靶纸。

英仕曼中华区主席李亦菲的"43"是舞剑。毕竟13岁时，她就是全国武术剑术冠军。

曹德旺的"43"，是清晨五点半的高尔夫。他经常一个人跑到空旷的高尔夫球场，挥杆、击球，白球划着弧线落到远方的山岭。他独自去捡球，有时还自带手电，"我自己跟自己PK，每天都是第一"。

张小龙和曹德旺相似，也把"43"交给了高尔夫。玩高尔夫之前，张小龙嗜好有二——深夜音乐和网球。

他和谢尔顿一样把嗜好深深藏起。他每周雷打不动玩一次网球，但极少提及，也不邀请同事一起参加。

2011年，张小龙的秘密喜好变成高尔夫，他对此别有哲学——作为一名男人，不能整天坐在办公室里，必须拿着根棍子，到野地里去晃荡，这样才能最大程度保证男性的内心自由，不至于在工业社会里被压力所碾碎。

"43"并非名人专属。当我们的生活被压缩成块后，每个人都可以用自己的方式寻找出口。

有人喜欢深夜背圆周率，长长的数据能带来绵长的放松；有人喜欢用显微镜看草履虫，一看数小时，如上帝般审视微小的忙碌。

还有白领女子喜欢换上格子衬衫，背上双肩包，去逛远离生活圈的菜市场。仿佛短时的逃离，能让其重回 18 岁。

所有的"43"都被小心翼翼地藏好。

银行彬彬有礼的柜员，或许刚从千里之外的演唱会归来。公司里默不作声敲代码的程序员，可能刚完成一场摇滚首秀。

每个人都藏着另外一段人生，或者藏着另外一个自己。

钱锺书刚搬至清华时，与梁思成、林徽因为邻。钱先生平日温和儒雅，一派大师气象。

一次，入夜，他将长竹竿放在门口，待自家猫咪哭叫时，便掀被而起，提竿冲出，与林徽因家的猫儿决斗。

荷塘夜色，大人小猫，不亦快哉。

二

人们对"43"的迷恋，源自于职场快节奏、社会化分工，以及大都市特有的孤独感。

1936 年，《摩登时代》在纽约上映，讲述的是一个小人物在工业时代追求幸福的故事。

电影开篇，数百只羊拥挤着奔出羊圈，无数工人冲出地铁涌入工厂，填满不同的岗位。卓别林在岗位上不停地重复拧扳手，甚至没有打苍蝇的时间。老板高高在上，一刻不停地监控着一切。

那是工业时代最真实的缩影。

20 世纪初，亨利·福特用劳动分工理论，将一辆福特车的生产过程细分为 8772 个工时。每个人，都是一条巨大生产线上的螺丝钉。

人们的时间被无限透支，工作时间从 14 小时延长到 18 小时，"人肉机器"成为流行的调侃词。

所有人都是工作的囚徒。"一个二十出头的小伙子来我这儿，我能让他的头发很快变成灰白色。"

蓝领和白领的生活从此陷入重复和固化。他们奔走于城市，但轨迹已被锁定。

20 世纪 50 年代，在美国曼哈顿郊区，每天乘车上班的白领已达数十万。

手提公文包的白领们，争先恐后地走入一间间被钢筋水泥和玻璃隔开的"鸽子房"。

在美国费城，一位打字员在一家企业的同一个岗位连续工作了 60 年，她入职时是 1882 年，离职时已是 1942 年。

办公室的场景 60 年不变：灯光常年昏暗，窗户总是蒙尘，办公桌一成不变地摆着账簿、订书钉、流水账、鹅毛笔和文件盒。

王安忆在散文《疲惫都市人》中，曾这样描述重复生活的苦闷："人们就是这样生活在各种符号中间。我们为某一个符号去争取另一个符号。我们以某一个符号去换取另一符号。人世间多少种事物变简约与抽象为符号，失去了它们生动活泼的本来面目……他们的生活已没有浪漫的色彩，星辰日月、风霜雨雪与他们无关。钟点标志出他们作息的制度，他们的劳动理论化为生存的需要……"

社会化精细分工，划定了生活范围；职场快节奏，挤压着生活空间。

被压缩的生活中，还常浸透着大都市特有孤独感。

在日本，居酒屋尽是下班后一醉方休的白领。宿醉的白领睡在商场、地铁、花园和便利店门口。摄影师川本健二还将他们拍成影集，起名《醉酒天堂》。

所有这一切，最终孕育出"43"的冲动。人们渴望逃离凝固成块的生活，看看别样的世界。

走下《摩登时代》的大银幕之后，卓别林也找到了自己的"43"。

年轻时，他在巡演路上养过一只兔子。每天排完戏，他便赶回家训兔子，让它学会在有人敲门时迅速躲到床下。

很多年后，他的"43"是远行，他曾去美国加州住一间只有硬铁床和破桌椅的平房。

那里有摩登时代稀缺的宁静。

三

每一次暂别日常，常会有别样收获。

据说，古天乐有个密不示人的手办仓库，他说他独处库中时能隔离演艺圈的喧嚣；周润发拍完戏总要待在私人暗房，他说冲印照片能让他忘记枪林弹雨；基努里维斯偶尔会在夜间山路骑摩托，关闭前灯，"黑暗中的风声震动让人很享受，适合思考"。

有时，"43"还是一把 key，玩着玩着就能打开新世界。

王石登完珠峰后，兴趣转向了小众的赛艇。他玩了许多年，玩到手指关节都磨出了厚厚老茧。

最后，他一路玩到竞选亚赛联主席。时任国际赛艇联合会主席简·罗兰见到他，一握他的手便摸到老茧，笑称"自己人"。

简·罗兰不知王石的其他身份，直到来中国，在外滩看到王石为JEEP代言的巨幅广告牌才惊讶道："原来，他在中国是个大名人！"

同样把"43"玩成事业的还有毛不易。

此前，他是杭州立同德医院的实习护士，每天在急诊科工作八小时，忙起来如陀螺。

下班后，他宅在"进门就是床"的出租屋，抱着从朋友处讨来的吉他，安静录歌。他的"43"就是那一首首歌。

人生不易，总要寻找出口。

后来，他带着他的"43"走上舞台。不久后，半个中国的黄焖鸡米饭店和沙县小吃店都在播放他的《消愁》。

几年前，"刺猬乐队"主唱赵子健的主业是程序员。乐队同伴调侃："全中国的程序员都是赵子健的同事，因为他老换工作。"

白天，他带着毛线帽，拿着马扎，坐地铁去公司敲代码。深夜，他便在排练室里弹奏、歌唱。

与鼓手女友分手后，他喜欢独自待在出租屋内。那时，他的"43"是看有关宇宙的纪录片。看多了，世事就轻了，一切不过尘埃。

后来的故事，人们都已熟知。

他所在的乐队在夏天的舞台上表演。全场人合唱着他们的歌曲《火车驶向云外，梦安魂于九霄》。

"黑色的不是夜晚，是漫长的孤单。看脚下一片黑暗，望头顶星光璀璨……"

当然，新世界只是意外收获。更多人所追求的"43"，不过是解构压力，稀释喧嚣。

21世纪头几年，有人看见窦唯去天坛踢毽。那里，没有刺耳的声浪，没有挥舞的双臂，没有闪光灯，没有狗仔，没有吉他和乐谱，只有毽子上下翻飞。

就好像，他从生活越狱。

摇滚消失于盛夏

哪吒举剑之前，最后看了一眼巨浪。

一

1998 年，中关村的眉宇尚带青涩和惘然。

五道口旧铁路边有一所破败的洗浴中心，后改为溜冰场，取名"开心乐园"。

溜冰场里白日里顾客寥寥，入夜之后便在门前挂起海报，上写"中国最牛摇滚乐基地"。

"朝圣者"蜂拥而至。年轻的乐队抽签上台，哪怕只有一名观众鼓掌也要返场，眷恋着不肯离去。

长夜如迷梦，欢乐如潮汐，现场独家售卖5元一瓶的大瓶燕京。酣畅至顶时，乐迷们会串成一串，在场内"开火车"。

狂欢在深夜结束。乐队每人能挣10元，没人舍得打车。摇滚青年们聚在路边吃大排档，连喝带聊，像草原上生着篝火的游牧民族。

天色微亮，早班公交车赶来，拉着他们一路北行。

老旧公交车驶过清华大学、圆明园东路、正白旗村，最后到达树村。

那是一个被遗忘在时间角落的小村。明代大臣李东阳行至此地，写道："行尽房山复树村，三年歧路几销魂。"

最前沿的摇滚和最封闭的古村，完成奇异的组合。

树村是众多乐队的租住地，也成为摇滚的圣地。顶峰时，村里住着的乐手有近千人。

抛开精神向往，乐队选择此地，主要是因租金低。三公里外的上地，比树村离城更远，房租却是树村的两倍。

随着进村的乐队越来越多。村民们开始垒砖砌墙，多盖一间屋，就能多一笔收入。

在树村，看窗户就知这支乐队的经济情况。

木头框窗户房，每月房租150元；铝合金的，200元；塑钢的，则300元。选木框窗户的占大多数。

村民们看不惯这群奇装异服且不着调的年轻人，跟在他们身后嘟囔："瞧，这是什么东西？这是人吗？"

"痛苦的信仰"（简称"痛仰"）乐队的主唱高虎，便是其中的一员。

他在天山脚下长大，小时候常年挨打。

一场考试，他考89分，如果有人考到90分，父亲便对他拳脚相加。

初中时，家人强制让他留级，只为考重点高中。长大后，他在父母安排下进入工厂，厂方对他的评价是"该生对领导有抵触情绪"。

他南下深圳，意外迷上重金属音乐。之后前往北京，进了一所叫迷笛的音乐学校。

迷笛的前身是"迷笛演艺器材高技术公司"，1993年才改为学校，1997年首次开设两年制的长期班。

高虎是第一个交钱的，学号001。

那是一个燥热的长夏，日后的知名摇滚乐手们大多聚集于此。

他们听黑豹、唐朝，他们爱崔健、窦唯，他们想象着红磡的烟火与声浪，他们在麦克前愤怒，在琴弦上倾诉，他们随着巨浪，沿着90年代的经纬奔涌向前，不知将停在何处。

从迷笛毕业后，他们带着对未来的梦，流入树村。

高虎在他的自传《我们还会一起漫步》中写道："从迷笛毕业以后，我们准备和摇滚乐死磕。树村的房子终日晒不到太阳，冬天还要自己点炉子取暖，甚至有一次我因为煤气中毒差点儿就这样走了。"

在树村，他写了一首未发表的歌。

歌中，他唱道："我闭着眼睛往前走，不知道我的未来是什么样子，但这是你选择的方向。"

二

那个夏天仿佛漫长无期。

摇滚专辑可以销量百万，摇滚歌手能成为全民偶像。崔健去沈阳演出，歌迷包专列捧场。有乐队去河南，所到城市警车开路，民众夹道欢迎，下榻的酒店会拉横幅致敬。

然而这一切，离树村很遥远。

香港导演张婉婷以树村为原型，拍了电影《北京乐与路》，一口气拿下当年金像奖五项提名。

电影中，饰演主唱的耿乐说："北京摇滚的主要特点，是穷。"

"唐朝"乐队的丁武，为一把吉他，给人画风筝，一画就是一天一夜；"黑豹"乐队的李彤，好不容易吃回热汤面，因为面盛少了，急得跟人家大闹；张楚刚到北京时，因经济压力而去卡拉 OK 放镭射碟赚钱；贝斯手陈劲所在的乐队，一个月要吃掉几百斤挂面。

即便住进树村，情况也未好转。有的乐手，因没钱而去美院当裸模，或者在清华门口卖打口带。

高虎曾去地下通道卖唱，因为不像流浪汉，两小时只挣了四块二，到后来，站一天也收不到一分钱。

他在迷笛的同学宋雨喆，也搬进了树村。宋雨喆组建了一支乐队，名叫"木推瓜"。

他真的推过瓜。有年冬天，冬瓜降价，一斤几分钱，他买了半三轮车冬瓜，推入树村，塞进床下，然后顿顿吃冬瓜。

树村的访客听到乐手说得最多的是"他们炒土豆能做出红烧肉的味儿"。

贫苦的日子中，唯有音乐是至高信仰。

没演出时，不管前晚喝得多醉，早上九点，树村乐手们一定会准时排练，他们戏称为上班。

大家奔向各自的排练厅，所谓排练厅只是几平方米的土房，墙壁和门窗上裹着隔音用的棉被。

冬天还好，夏天则如蒸笼。几小时下来，他们大汗淋漓，酷日下的室外倒比屋里凉快。

他们的解暑方式就是把着村头的水管喝凉水，别管拉不拉肚子，先爽了再说。

"痛仰"的贝斯手张静，最窘迫时没钱交房租，被迫卖琴。此后半年，他只能蹭琴练习。

多年后，树村的乐手回忆往事，很少提及苦难，只说那段追逐理想的日子比黄金还宝贵。

树村的摇滚乐队，名字都压抑——"痛苦的信仰""废墟""做梦"……但他们说，在树村的日子很快乐。

他们去百望山看日出，冒大雨骑车去司马台爬长城，冬天喝一瓶二锅头然后跳湖里野泳。偶尔打架，第二天再和好如初。

最后，连树村村民都喜欢上了这群追梦的年轻人。"别瞧长头发留着，瞅着不怎么顺眼，可是这些孩子心眼儿都不坏，也懂事，单纯。"

树村汪大姐说，房子租给乐队久了，她一家也变得喜欢鼓声。

可惜，一切如朝露般短暂。

盛夏结束了，树村南边那座巨大的城池中，高楼拔地而起，商业洪流正冲刷着一切。

开心乐园不远处竖起了 FM365 的巨大广告牌，广告牌上的谢霆锋微笑凝视着远方。

树村里的乐手越来越少。有人南下广东，去歌厅表演，去了就不再回来，并捎信喊人，说一晚上能挣几千元。

最后留下的人，都是真爱摇滚的人，只是他们知道，他们已被抛离在主流之外。

某天深夜 12 点，宋雨喆骑车回树村，路上被车撞倒了。他左边胳膊血肉模糊，肇事司机以为他死了，开车逃逸。他捡起汽车掉下的反光镜，匍匐着爬向树村。

三

2002 年，树村传出拆迁的风声，家家户户都拉水泥盖新房，以求得到更多补偿款。村子变成喧闹的工地，乐手无从排练，连在屋里听音乐都满足不了了。

摇滚青年们走出村落，消失在新世纪的暮色中。

摇滚变成小圈子的自娱自乐，就像被困在洪流绕路的荒岛。他们曾经想改变的东西，依然如旧，纹丝不动。

宋雨喆解散了"木推瓜"，变卖了所有家当，带了五千块钱，去了西藏的冈仁波齐。

他在西藏待了五年。既然无从改变，他宁愿放逐自己。

离开树村之后，高虎也一度陷入迷惘，活得就像"痛仰"乐队的 logo。logo 上，哪吒望了一眼滔天巨浪，然后举剑决绝。

他和新世界像是隔了一层膜。他一度以为已与音乐决绝，直到 2008 年上网时，偶然看到一个乐迷的签名——

"没有音乐，生活将是一场错误。"这是尼采的话。

"痛仰"重新出发。它最近一次引起关注，是因为登上了一档综艺节目。

人们在精致的舞台上，又看见了穿着休闲的"痛仰"。他们的 logo 图案已换为拜佛的哪吒。

2016 年，宋雨喆重组"木推瓜"，新专辑中有首歌叫《树村童子》。

树村旧址现在已是荒地。不远处的马连洼，科技公司林立，虚空中奔腾着资讯浪潮。一切快如电光火石。

英国电影《海盗电台》讲了一个欢乐又悲伤的故事。1964 年，一群音乐人在北海的船上开设私人电台，日夜播放音乐，2500 万英国听众收听。

那艘船，就是他们心中的树村。不幸的是，船在风暴中沉没。船员被困在礁石上，看着黑胶唱片、磁带，以及所有有关音乐的记忆，都随船沉没。

那些愤怒的、忧伤的、骄傲的、卑微的，终归都度化在海浪之中。

一个战胜孤独的暗号

当无人可思念，世界便开始冷寂。

一

1993 年盛夏，广州一间简陋的宿舍内，写信写得烦闷的李春波抄起一把旧吉他。

岭南潮湿的空气，蒸腾着时代的燥意。窗外工地的轰鸣声像潮水，他觉得自己像潮水中的孤儿。

信里的话开始在琴弦上流淌：亲爱的爸爸妈妈，你们好吗？

一年后，他的专辑《一封家书》开售，一个月卖出 100 万盒。街头到处都是哼唱的人，唱着唱着就带了哭腔。

在 90 年代剩下的几年，这首歌成为那些异乡打拼之人的灵魂寄托。

歌声牵连着遥远的家乡，一封封家书就是思念的宣泄口。

在华灯初上时，在得意欢喜时，在伤心失落时，铺开信纸，用清秀或拙笨的字迹报个平安。

将那些信封入雪白或橙黄的信封内，投入绿漆斑驳的邮筒中，开始漫长的旅行。

从祖国的最南到最北，一封信可能要"旅行"几个月。

接到信时，写信时的悲喜都已成往事，但纸张上的温暖却长久不散。

展信悦。见字如面。好久不见，你还好吗？

有时候，不用拆信，邮票贴法就可以暗传心声。

那些邮票贴法是早已消散在光阴中的暗号：邮票左斜是抱歉，右倾是原谅，倒贴是我喜欢你但不知怎么说出口。

很多年后，邮票已残破，信纸已发黄，但信件却会被主人们珍藏。那是来自光阴深处的问候。

在某年某月的某一日，有人认真写字，认真想你。

很多年前，郑渊洁每天要收大量小读者的来信，以至于北京市邮局为他专设了一个邮箱。最多时，每天来信数以千计。

他雇了四个助理拆信，但信还是越积越多，最后家里都放不下了。

郑渊洁说，这些信绝不能处理掉，真情实感必须善待。

他在北京买了十套房子。在漫长的岁月中，那些房子不出租，不出售，只存放信。

直到今天，那些信还安静地待在那里。

那些房子的窗外，90年代像幻灯片一样闪过，李春波的吉他声悠悠扬扬，终杳不可闻。

一条条电话线接进千家万户。蒙着纱罩的电话座机，连通着更新的世界。慢慢地，写信的人越来越少。

在早期，打电话是奢侈的行为。人们惜字如金，但情感分外浓烈。

有个女生回忆自己接到的第一个长途电话，是父亲出差三亚时，在海边招待所打来的。

为安慰因思念而撒娇的女儿，父亲让她听海浪的声音，只有短暂几秒，但她真的隐约听到了，"感觉爸爸和海就在耳边"。

还有一对上海夫妇，追忆起90年代的一些特殊夜晚。

那时，他们的独生女儿在日本留学，每月中旬，他们总会按时来到一位同事家中。晚九点，电话声响起，响八声后停歇，夫妻俩便心满意足离去。

那是因经济拮据约定的暗号。响八声，意味着平安。

他们在大洋的两岸无需言语，便已完成最深情的倾诉。

二

千禧年后，新一代李春波们，乘着即将谢幕的绿皮火车，前往繁华都市。

新世纪就这样以迁徙开篇。他们懵懂地听着北京站的钟声，茫然地看着黄浦江的江水，手足无措地站在广州站前。

喧嚣吵闹的站前广场如热带雨林，危险又充满诱惑。

那些年，手机还未普及。广州站前，有许多人拿着小灵通招揽生意，充当移动电话亭，每分钟收费一元。

年轻人借来小灵通，匆匆报平安后，便一头扎进了纷乱的城市。

机遇和压力像蛛网一样缠身，诱惑和挫败如风车一般轮转，而在夜晚，孤独如暴雨般袭来。

他们在城市的起点，多是一间独居的小房间，倾诉对象只有老旧的墙壁。

演员贾玲走红之后曾追忆，当年她终于租到一个月1100元的楼房。有一晚回家，发现早上出门忘记关电暖气了，幸运的是电表还坏了，开门时扑面而来的温暖让她忽然感觉不那么孤单。

相比身体上的温暖，漂泊在都市中的人其实更在意心灵上的温暖。

在网络洪荒年代，QQ和论坛是最好的倾诉舞台。和陌生人倾诉衷肠，能缓解内心的不安。

翻阅陈旧的博客，有人发文：在大都市漂泊，最恐惧的是自己一个人病倒昏迷后无人知晓。

"如果我停更三天，那帮忙来这个地址看一下吧。"《我不是药神》定格了那个网络尚显纯真的年代，无数个QQ群里的病友在虚拟世界里寻求支撑。

然而，最有利的支持终究只能家人给予。

对于漂泊者而言，远方家人的电话号码是心底最安稳的坐标。

"每次都盼着周末给家人打电话，也害怕打电话，因为每次挂断电话时，总感觉切断了一根线，自己又是飘着的了。"

电影《非诚勿扰》中，空姐舒淇每次起飞降落，都要给葛优报平安。

她发的短信只有简单的"起""落"，葛优的回复只有"安""妥"。

有人能和你说"起""落""安""妥"，人间已经很值得。

三

木心的诗流传很广，"从前的日色变得慢；车，马，邮件都慢；一生只够爱一个人"。

他其实还写过另外一句，"我好久没有以小步紧跑去迎接一个人的那种快乐了"。

没有多少人写信了，也少有人再发短信。都市人每日被信息洪流裹挟，却弄丢了小步紧跑的期待。

人们在大大小小的屏幕上看着节目《见字如面》，但那终归是远去的感动。

畅销书《查令十字街84号》讲述了这种感动背后的动人逻辑。

纽约女作家和伦敦旧书店店员偶然书信结识，此后鱼雁往来20年，从未见面，却暗生情愫。

最终，店员去世，书店关闭，女作家却未能及时到达心中的圣地，无边的孤独将她淹没。

在书中，她写道："当人们不再需要翘首引颈、两两相望，某些情谊也将因而迅速贬值而不被察觉。"

当无人在意你，当你无人可在意，你与世界最温暖的联系便会切断。

《笑傲江湖》中,少侠令狐冲率群侠围攻少林寺。大战之前,雪花飘落,两三千豪侠肃穆无声。就在此刻,令狐冲心中忽想:"小师妹这时候不知在干什么。"

在人生风光之时、伤怀之时、远行之时,无人挂念才最寂寞。

下班后的江湖

她挽起长发，甩去晚装，翻身于擂台之上，握拳，凝眉。

一

"Duang！"宋云被重摔在地，眩晕感如怒潮袭来。

全场数千观众一片惊呼，教练在台下挥舞毛巾说着什么，但她听不清。

这个 26 岁的女孩已被三次抱摔，对手的拳头如雨点般落下，她试图起身，胳膊却被再次锁死。剧痛袭来，比赛结束了。

这里是一场国际自由搏击对抗赛的现场，宋云是一名身份特殊的选手。

宋云在北京工作，是一名艺术培训讲师。赛场之外，她眉目清秀，长发披肩，气质如国画中的古典美人。

然而这场比赛败北后，她的眼鼻遭受重击，十字韧带拉伤，白皙的皮肤也擦破了。可她不在意，"化化妆就没事了"。

在她决定去云南参赛前，朋友们一片劝阻声，认为工作后才开始接触格斗的宋云，参加专业比赛如羊入虎口。公司领导也担心，如果比赛时受伤，脸挂了花怎么办。

她笑着坚持。

"没有办法，谁让我是文化圈里最能打的。"

这显然是一场艰难的旅程，她的对手是来自日本、韩国、乌克兰和俄罗斯等地的职业高手。

刚到云南，她便患上重感冒，鼻塞得只能靠嘴呼吸。

赛前称重时，她长发如瀑，一身粉红色比基尼，身材火辣。当时网络直播间里一片惊呼：那个穿红衣服的姑娘真漂亮！

她紧张得肌肉抽搐，带上牙套后，嘴也被塞住，呼吸更艰难。"我觉得心肺供氧不够了。"

她的泰国教练鼓励她："你是最漂亮的选手。"然而，颜值在赛场上并不能增加杀伤力。

第一个回合结束，教练在她耳边不停地说着技术要领："你的优势在地面。"

但宋云开始耳鸣。"教练，我已经听不到了。"

教练急得大喊："不可以！"

她脑海中轰鸣一片，只记得这一句。

从云南回到北京第三天，伤还没养好，她便走上讲台。

在北京一场文化沙龙上，她盘起头发，身着黑色修身晚装，温雅从容，掌控着沙龙现场的节奏。茶香弥漫，她却忽然想念擂台边的呐喊声。

二

赛场内外，宋云都是坚强的女子。

她大学毕业后，进入文化行业。第一次上台授课，一口气讲了一下午，下台时因腿麻跪倒在地。

讲师需要兼顾学员情绪，更要在气势上控场。

"你自己要震得住。气场非常重要。"

或许，这也是她习武的一个原因。格斗培养的气质，让她显得更有英气。

当然，健康也是主要原因之一。

因为工作特点，宋云很难有规律的作息，经常伏案熬夜，加上长时间开车——她的肩颈一度严重僵硬劳损。

几年前，一位同行的猝死，曾引发业内的普遍焦虑。

后来，她在朋友的推荐下开始练习巴西柔术，一种"以小博大"的格斗术——将对手拖向地面，利用杠杆原理的关节技、绞技等手段，让对手放弃抵抗。

在电影《导火索》的结尾，甄子丹用双腿锁住大反派的头部，用的便是柔术中经典的"三角锁"。

最初，宋云看到两个大汉压在一起，撕扯扭打，感觉很古怪。但她很快适应了，后来她用"寝技"制服了比她身形壮一大圈的男学员。

从躺卧、半坐半立，到站直制敌，她一气呵成。

三

在北京，柔术爱好者的数量不断增加，已达数千人。大大小小的格斗俱乐部如雨后春笋。

宋云曾在北京宋庄一家训练馆练习柔术。这里聚集了大量柔术爱好者，还时常有来自北京、上海和南京的拳馆上门"踢馆"。

这些柔术爱好者大多是都市精英：银行高管、央企中层、企业老总等。

宋云训练柔术时的对手张洁，是个职场强人。

这位央企女高管步入中年后，最大的消遣一度是看电影和购物。因为颈椎病的困扰，她曾练过一段时间瑜伽，但觉得"没意思"。

因为忙于工作，她和爱人鲜有交流。接触柔术后，夫妻俩有了新的话题，没事就会探讨一下技术和动作。

张洁也曾在路上被色狼骚扰。当时身材瘦弱的她，一把把对方揪过来，上去就是两拳。色狼被她的气势震慑，慌不择路。

她坦言，是格斗训练给了她胆量。她觉得练习柔术是生活中最开心的事。

四

"一群人，没有任何利益关系，只是纯粹通过柔术成为朋友，一起大喊大叫——这种大学时的感觉，已经久违了。"

通过柔术进入格斗圈后，宋云认识了很多朋友。一名泰国教练说，愿意指导她训练。"你会成为一个优秀的职业选手。"

如今，宋云在北京朝阳区一家格斗搏击俱乐部进行训练，并准备参加全国性的格斗赛事。

"朋友们都不能理解，觉得我疯了。"她解释，MMA（一种规则开放的，允许使用拳击、摔跤、空手道、巴西柔术等各种技术的竞技格斗比赛）风险很大。

某次，她在台下准备直播，刚把镜头对准擂台，比赛已经结束。中国选手被俄罗斯选手的一记勾手打倒，半天没起来。

"如果那一拳打在我身上，不敢想后果。"

朋友问她，有没有想过鼻梁骨折、眉骨被打开的样子。

"又想要打拳，又想要漂亮脸蛋不被打，是不可能的，"她淡淡地说，"我不介意。"

上场前，她的脸上抹得不再是高档化妆品，而是减少摩擦的凡士林。

温文尔雅的文化圈与杀气弥漫的搏击圈是两个世界。文化圈考察的是学识，较量的是话术；而搏击圈，人们习惯用拳头说话，一击必杀。

讲师和拳手，宋云更喜欢后者。"站在讲台上，我要为学员负责，为文化传承负责；而站在擂台上的时候，我只对自己负责。"

接下来，她准备前往泰国考察训练环境。现在已经有经纪人为她打理相关事宜。

"人生就那么简单。你站在岔路口，总要决定向左走还是向右走。或许，我会选择做一个更好的 fighter。"

她觉得，她最终打败的不是对手，而是自己。

都市跑酷者

像侠客般击败平庸，从钢铁森林突围。

一

黑衣人聚集在北京一幢高楼的天台。他们在天台上腾挪跳跃，飞檐走壁。

崔健一身黑色运动衣，跑跳于水泥台、钢管和矮墙之间。收尾时，他从三米多高的台阶纵身一跃，稳稳落下。

他和同伴静静地坐在楼顶边沿歇息，双脚悬空，楼下的汽车好似蝼蚁。

这位北京跑酷公社的教练梳着发辫，身形瘦削，做高难度跑酷动作时嘴角会习惯性扬起。

这并不是一场跑酷训练，而是他们做足安全保障后的一次自娱自乐。

跑酷也被称作"城市疾走"，由越战中的法国士兵发明，如今已是一种世界闻名的极限运动。

街边、楼宇中的日常设施，都会成为跑酷者攀爬穿越的对象。跑酷不仅考验训练者的体力，也考验他们克服恐惧和压力的能力。

冬日周末的上午，当大部分都市人还在睡懒觉时，崔健已经带着学员开始训练了。

在世贸天阶的一处空地上，大家一阵助跑，冲向前面的花坛和坡道。

有人抬脚蹬上花坛，双手瞬间撑起身体，如同在树木间飞越的人猿泰山。

这套动作在跑酷中叫作"金刚跳"。有人在靠近花坛的刹那，吓得收住了脚；有人摔倒在地，却淡定地拍拍尘土，说声"没事"。

对崔健这样的资深跑酷者而言，小伤早不挂怀。想飞，总要有代价。

2007年跑酷公社成立时，只有几名跑酷爱好者跟着视频学习。如今，他们已是国内最专业的跑酷教学团，向数百名学员传授了技艺。

他们戏言自己是城市里上蹿下跳的猴子、奔跑的豹子和倒挂金钩的猩猩。高楼大厦组成的水泥丛林，就是最佳的人生游乐场。

翻越阶梯、快速上墙、蹬墙跳……他们轻盈敏捷的动作引得旁观者纷纷侧目。一位带孩子游玩的女士感叹，跑酷帅哥们好像"黏在了墙上"，就像蜘蛛侠那样。

他们在写字楼附近的空地训练，有时会有西装革领的白领匆匆路过。

跑酷者引得许多白领停下脚步，眉头松开，满脸神往。

二

长城、王府井、东单、西单……都是他们奔跑跳跃的舞台。

崔健是个北漂，曾在饭店做传菜生。他恋恋不忘电影《暴力街区》中主角飞檐走壁、追击匪徒的动作，后来得知，那叫跑酷。

孩童时代被压抑的武侠梦苏醒了，山林之间飞跃的武侠动作，与穿梭城市的快感形成共鸣。

他先搜网上的视频自学，又与在论坛结识的北京的跑酷爱好者不断切磋。七年后，他已是专业的跑酷教练，命运也因此改变。

一群身份、年龄各异的都市人，因跑酷聚在了一起：200多斤的胖小伙儿，想学空翻的女大学生，课业繁重的中学生……

队员董晨是崔健的"御用"摄影师。他的本职工作是文物摄影，他去深山里拍石碑，下墓地拍壁画，更要琢磨怎么把一件价值连城的唐三彩拍出气韵。端着相机，他总是屏气凝神，不敢有一点儿闪失。

工作中小心翼翼，跑酷时随心而跃，他的生活就这样充满张力。

他性格内向，一度有社交障碍。跑酷公社里无话不谈的氛围，让他克服了社交障碍。

六年前刘佳玮加入跑酷公社时，已经41岁。

这位科技公司的项目经理，长期面临业绩压力。他渴望通过运动解压，同样对电影人物徒手飞跃的状态充满向往，主动到跑酷公社报名。

第一次去体验课程，年轻人们和刘佳玮站在一起，其中年龄最小的跟他相差30岁。"同学们"投来好奇目光，他不由得打起退堂鼓。

苦头没少吃。教练助跑一阵儿，嗖地一下便翻身上墙，轮到他时，却扑通一声撞上墙。"这跟电影完全不一样啊。"

崔健一直鼓励他别放弃，让他从猫蹲、吊墙、大俯卧撑和跳绳这样的动作开始训练。

一个月之后，西直门地铁站外，这个40多岁的中年男人终于完成飞跃，徒手攀上了三米高墙。

中年危机、职场压力和那些看似迈不过去的坎儿，都随着这一跃过去了。

三

在著名地标上留下跑酷的掠影，会让人有征服的快感。

但他们并不想作为吸引眼球而不顾生命的青年。在一些媒体报道中，跑酷往往意味着危险，比如"跑酷意外死亡""跑酷者入室行窃"……

崔健觉得，那不是跑酷。"真正热爱跑酷的人，会热爱自己的生命，也会尊重跑酷这项运动。"

他用一种特殊的方式表达对跑酷的理解。

大家爬上与望京SOHO一街之隔的高楼楼顶，向下直直望去，行人和车辆如蚂蚁和甲壳虫般渺小。

热身后，崔健助跑，脚踝和膝盖瞬间发力，反身一跃，做了个漂亮的空翻。半空中，他的身影与远处的一抹斜阳平行。

一旁的董晨按下快门，定格此刻。

当然，崔健只会在天台中央完成这些动作，绝不会在高楼边沿进行任何尝试。在他们的训练和活动中，安全永远是第一位的。

为等待日出，他们曾在凌晨爬到央视大楼附近的楼顶。CBD上空漆黑一片，而楼下依然灯火辉煌，车流汇成长河，城市的全景尽收眼底。

一行人冲楼下大吼，按部就班的生活就这样被撕开一道口子。

问道终南

用半生都市浮华，换一线水光山色。

一

大雪无声，终南山"七十二峪口"之一的大峪山谷，不多时已银装素裹。山谷内的终南草堂，雪压茅檐，檐下人不为所动。

一壶茶，几本书，一张草垫，草堂主人张剑峰能静坐一整天。

39 岁的他，眉眼细挑，语速不疾不徐，常年披一件淡蓝色的汉服。面前的案几上，放着一本《名山游访记》，以及吕祖的道家著作。偶尔掩卷抬头，窗外就是俊秀的终南山。

山也无声，人也无声，各得其乐。

"忘掉人际交往的焦虑，不再有莫名的紧张，就这么发呆，放空自己，你会很享受。"

他有一群隐士朋友，入山前都有着都市人的皮囊——实现财务自由的商人、企业高管、城市白领、90 后摄影师，以及文化从业者。

山中没有手机信号，也没有网络。隐士们过着日出而作日落而息的生活。粮食、蔬菜，都要靠自己耕种。

每至寒冬，山中往往积起半米多高的雪，他们要自行拾柴取暖。

时光逆转，张剑峰曾是一名出版人，路金波的合作伙伴。文学是他的梦想，然而他十多年的职业生涯却充满自我否定。

"日子久了你会发现，千篇一律，都是套路，明着在写感情，其实并无真情实感。"

那时青春文学风头正劲。张剑峰包装年轻作者，然后帮他们出书，如同在流水线上生产快消品。

他生活的圈子物欲横流又索然无味，他开始向往传统文化里提倡的"归真"。

2009 年，他看到美国汉学家比尔·波特的作品《空谷幽兰：访当代中国隐士》。

作者记录了这样一群人：他们效仿古代隐士隐居山林，居于云中和松下，靠着月光和芋头生活。所有的世界，不过是半亩瓜田、数株茶树及一篱菊花。

张剑峰决定去山里寻访隐士。他先是随驴友前往，却屡屡扑空。

隐士们看到大队人马前来，往往闭门不出或远遁山林。数次拜访之后，隐士们才渐渐信任了他。

从华山到终南山，再到宝鸡龙门洞，他走了许多个山谷，拜访了 600 多位隐士。

后来他辞掉工作，用夯土、石头和茅草在终南山中建了五六座小屋，起名"终南草堂"，并创办杂志，名叫《问道》。

山中岁月长，问道终南，悠然无期。

二

对一些隐士而言，终南山既是终点，也是起点。他们迈向山中的同时，也向另外一种生活作别。

张剑峰印象最为深刻的，是一个名叫刘景崇的隐士。

刘景崇曾是大型公司总裁助理，年收入百万以上。

初到终南草堂时，刘景崇洋洋自得。他告诉张剑峰，他的理想是做韦小宝一样的人物，交很多很多漂亮的女朋友。

后来，刘景崇迎娶了一位空姐，但很快又离婚了。总之，他确实成了"情圣"。然而他的心却越来越空。

在灯红酒绿的花花世界走过一遭，心里留下的好像只有空虚。

在30多岁的时候，他已经看到了自己80多岁的样子——无非房子更大一些，车子更好一些。

刘景崇偶然看到南怀瑾著作中有关"药师经"的论述，从此一发不可收拾。

佛、道典籍中描述的终南之地，令他越发神往。寻访到终南草堂后，他很快迷恋上了这种安宁，并辞掉了工作。他的老板曾耗资百万，在广州一座山中为他仿建了"终南草堂"。可刘景崇认为格局、气韵不够，婉言谢绝，坚持回终南山隐居。

2014年9月，刘景崇决定在终南山长期归隐。他的俄罗斯女友在山脚下苦苦哀求，希望同他一起上山，被他好言劝回。

那年平安夜，终南草堂里只剩刘景崇和一个老和尚。

劈柴生火时，他突然想起在香港过的圣诞节——灯影幢幢，一片浮华。

三

每一个山中访客，都带着困惑而来。

比如，遭受父母离异打击、患有严重抑郁症的大学毕业生，患有社交恐惧症、不敢打招呼的90后，事业或婚姻中的失意者……他们整天躺在茅屋中萎靡不振，不消几日便悄然离去。

一位修行者辞掉了北大图书馆的公职，在山中租了间小屋，整日泼墨书画，把酒吟诗。但一场大病让他被迫回老家养病。每隔半个月，他会给张剑峰打一次电话："我的茅屋还好么？"

终南山已成他们的心灵坐标。

一位开采金矿的老板遭遇矿井事故，虽然幸免于难，但负债累累。他觉得冥冥之中财富自有定数，便来终南山寻访因果。

被家人"抓"回数次后，他便频频将山中隐士邀至豪宅，热情款待。

一位隐士曾把他家里摆设的宝石古董砸了个稀烂，说要帮他"清理清理"。这位老板顿悟，说砸得好，"家里东西太多了"。

后来，这位老板为了方便接送山中隐士，还曾试图开通一条航道。

不是每个人都清楚自己应去向何处。即使是终南山，也无法给出答案。

一位畅销文学杂志的主编，在山中居住一段时间后离开了。

不久，张剑峰得知，他与妻子离婚了，已经在江中的一条船上"漂泊"了一个多月，还未上岸。

山中，江中，又有什么分别？

四

终南山里，死亡从来不是一个忌讳的话题。

曾有山中道士在村民的庙会上留下几份药方，然后悄然坐化，被原地安葬。因为不知其名，碑上写着"陆野"。

一位在山洞中居住了40多年的老者，突然在张剑峰拜访时递给他一堆书籍和光碟，告诉他"我以后用不着了"。张剑峰几天后再去，老者已经去世。

一位香港商人，十年前曾在终南山得到一位道长的点化，十年来事业一直顺利。当时两人曾约定三十年后再见。

而今，香港商人已年逾九十。他担心大限将至，提前来找道人，但山野茫茫，难知阴阳。

也有俗人想参透生死玄机。

草堂里来过一位青年男子。他穿着不古不新的服装，背着把只有一根弦的二胡，一来就说："我来终南山寻找埋骨之地。"

谈及具体事宜，他一脸高深莫测。等聚拢了一群听众后，他说，收钱才肯讲。类似的伪隐士其实不少，他们租下民房，摆好架势，只等游客或金主到访后忽悠一番。

随着名声渐远，终南山后越发喧嚣。慕名而来的游客蜂拥而至，驴友们留下大量生活垃圾，一些隐士被迫搬到终南山更深处。

曾有几名六七十岁的美国人，特地来拜访终南草堂。冬夜，他们住在简陋的茅屋，把张剑峰攒了许久的柴火搞成了篝火晚会。

他们不会烧炕，不小心把被褥烧着了。寒风凛冽，几位老外在炕上蹲了一宿。第二天早上，当他们吃到咸菜和白粥时，都哭了，眼泪掉在稀饭里。

张剑峰哭笑不得："其中一位说，他明白了修行的艰辛。"

张剑峰觉得他们其实并不明白。那些外来者，终归只是过客。

他还记得一位年轻隐士和他说的往事。

那位年轻隐士，从南京前往终南山，步行三个月，随身不过一袋盐和几捆挂面。

翻越秦岭时，他在一处山洞过夜，生火取暖之际进来一只豹子。豹子和他都很镇静，一夜相安无事，第二天各走各路。

行走在路上

我们都有一个越狱时刻。

一

1986年9月，新闻联播突然播出惊险一幕。

滔天巨浪下，一个赤裸上身的男子受困危崖，命悬一线，他身边就是滚滚长江。

该男子是挑战长江漂流的探险队员，他的密封船在虎跳峡被激流打碎，被困五天，直至队友系绳攀崖才将他救下。

那个年代还没有直播，新闻联播滚动播报，全国人民血脉偾张。

一个社会的青春期就此开启，许多人虽走在计划经济的轨道上，但心里却渴望看到更广阔的世界。

挑战黄河、挑战长江，成为那个时代的壮举。在洛阳，挑战黄河的队伍出征，万人洒泪相送，锣鼓声像夏日密集的惊雷。

探险队员穿过高山，冲过壶口，闯过深峡，在浊浪中完成壮举。

回乡时，他们在汽车上高唱费翔的《故乡的云》。

"归来吧，归来哟，浪迹天涯的游子。我已是满怀疲惫，眼里是酸楚的泪。我曾经豪情万丈，归来却空空的行囊……"

漂流的热潮很快消退，但人们对世界的好奇才刚刚开始。

那时旅游是奢侈品，人们期待有人能代替自己去看看这个世界。

1988年7月1日，上海男人余纯顺走出家门，开始徒步中国之旅，这一年他38岁。

有偶遇他的人写道：余纯顺头发蓬乱卷曲，满脸胡茬，唯有双目干净如泉水。

8年，他走了8.4万公里，足迹遍布23个省市自治区，拜访了33个少数民族，抵达中国国土的最东、最北、最西，沿途拍摄了上万张照片，发表游记40余万字。

他的行走，成为一个时代的精神寄托。他所到之处，政府机构都邀请他做演讲。

许多人天天盼着《中国青年报》，以追踪余纯顺的最新行程。

他背了太多人的梦想，在金沙江畔，一位乞丐把仅有的十几块钱塞给余纯顺。乞丐说：你比我重要。

一位新疆女司机说："我在车上看着这个上海男人的背影，心想，以前自己遇到的困难都不能叫困难了。"

他改变了许多人对上海男人的印象。远征罗布泊前，他和上海大学生交谈。

这次交谈的录音辗转到了余秋雨手上。余秋雨在书中记下这最后的演讲："我选择了孤独，选择了行走。我已走了八年，还会一直走下去。在远天之下，有我迟早要去的地方……"

1996年夏天，余纯顺远征罗布泊。电视台要为他拍摄一部突破人类极限的纪录片。

罗布泊河床干涸，大漠远天苍茫一线。从高空俯瞰，罗布泊像巨大的耳朵，耳朵中心是生命禁区。

那年6月11日，余纯顺拒绝了随行人员的车辆，从罗布泊北端出发，向南行进。

第二天，一场特大沙尘暴切断了一切联系。18日，人们通过直升机找到了他的帐篷。

背负着90年代前行的余纯顺，仰卧在帐篷中，右手高举，左腿弯曲，仿佛行走时突然被定格。

他死后，上海市为他做了一个展览。

那个夏天，每天都有数万人顶着38℃高温，到人民广场边上的旧美术馆与他告别。

"谢谢你，走了那么远，帮我们看过那么辽阔的世界。"

第二年，他的朋友，女诗人莲子，去西部旅行，在一家小药店柜台上看到报纸的角落里写着余纯顺墓被盗。

药店外，尘沙滚滚。

二

余纯顺离去，点燃了一个有关梦想的引信。

1995 年，中国大陆第一家户外用品商店开业，主要客户是中国科学院和专业登山队。

一年后，新浪网成立了旅游论坛，一群年轻人聚集于此，立志像余纯顺一样行走远方。论坛里诞生了一个新词，叫作驴友。

同年，一个女孩在北京创立了绿野网。2000 年，一些旅游爱好者在深圳创建了磨坊网，一南一北，户外者开始远行。

90 年代，地震后重建的丽江，成为大众的图腾，连带的苍山洱海以及更远的川藏雪脉，都成为人们梦想的目的地。

这时，旅行不再是壮举，不再是朝拜，而是享受生命的方式。越来越多的普通人，开始寻找自己的越狱时刻。

2009 年，安徽女孩张小砚和伙伴阿亮从四川雅江进藏。一路翻山越岭，颠沛流离，到拉萨时，已弹尽粮绝。

返程时，她花 83 元，一路靠搭车、募捐，从拉萨远征 2300 公里返回成都。

那还是个穷游西藏尚无嘲讽的年代，她的游记在天涯上被千万粉丝奉为神帖。当然回复中也有谩骂和不屑。

她不在意，自封为"马托帮"帮主。"马"是"以梦为马"的"马"，"托"是"乌托邦"的"托"。

其实 83 元游西藏，只是她一时兴起。

出发前，她看了讲切格瓦拉年轻时的电影，不想让自己成为衰老后没回忆的人。

"人生很短，不要有回望时的残酷。你有什么理由去拒绝你梦想改变的东西，你梦想改变的世界？"

在雅江，她拍了一下摩托车，和伙伴阿亮说："哥们儿！激情旅行开始了，你会发现生活是个奇迹！"

入藏时，有人骑着着价值19万的摩托，嘲笑她的摩托是"民工摩托"——"这两人竟然一点儿功课都没做，到了一个地方连玩什么都不知道，太可笑了。"

小砚立刻反唇相讥："好笑吗？玩而已，需要做什么功课呢？你以为考公务员呢？玩都玩得那么累，做人简直无趣。"

这个骑着豪华摩托的人，无法复制小砚走过的那条川藏线。因为他舍不得他那车。

前路有悬崖、烂路、毒草、恶狗、蚂蟥、打劫。张小砚一路闯关，"如果你走出去了，那路上所有的问题就都不是问题了。"

那年冬天，张小砚的游记《走吧，张小砚》出版，很快登上当当畅销榜榜首。

小砚说，她很普通，不漂亮，没学历，所做的不过是将一成不变的生活撕开了一个口子。"这本游记发生在哪儿不重要，重要的是价值观和对生活的态度。想去就去，快乐就去。"

上节目时，杨澜问她："你这么折腾，到底想完成什么愿望？"

她回应："做越来越像我自己的那个人。"

出书那年秋天，小砚60岁的爸爸带着女儿的游记打印稿去走川藏线了。

他关了照相馆，手书告知：因为我还年轻，我要去旅行，暂停营业。

而今，小砚住在庐山，山泉酿酒，自得其乐。

她在微博上写道：西瓜在泉水里泡着，蝉在树上歌唱，姑娘们在瓶贴上印酒号……牵牛花真的会牵牛来吗？

2012年，入山时，她发话：给我讲一个好故事，送一坛酒。没故事的同学，就以劳力换，或者带些下酒菜也行。

这是"我有故事，你有酒么"最早的出处。

三

越来越多自由的灵魂行走在路上，在征服国内山川的同时，他们又将视野投向海外。

2004年9月，欧洲二十九国正式对中国公民开放旅游。

有人直奔德国，来到柏林墙边，轻抚三毛在《倾城》里提到的那片城墙。"东柏林，在墙的后面。你去过那个城吗？"

有人花30美金乘木头船远游红海，在比黄浦江轮渡还小一半的木船上，挤着索马里人、埃塞俄比亚人、吉布提人和也门人，只有他一个中国人。

还有人花三个月的时间研究如何从土耳其出发，入境最多中东小国。到达伊斯坦布尔后，他因时差失眠，好容易入睡，又在清真寺的宣礼声中恍然惊醒。

一切都是新鲜又陌生的体验，远方已不再遥不可及。

2013年夏天，张昕宇和梁红夫妇，将自己旅行途中录制的视频制作成节目，上传到了优酷上。

6月13日，这档名为《侣行》的节目上线，24小时内突破了 200 万播放量，3 个月播放量过亿。

15 期的节目里，两人一同游历了索马里、鬼城切尔诺贝利、马鲁姆火山……

2014 年 2 月，在南极长城科考站，张昕宇与梁红举办了中国人在南极的第一场婚礼。

婚礼前，张昕宇给包括奥巴马在内的 100 多个国家元首发去邮件，希望得到他们的结婚祝福。

五个元首给他回了邮件。

德国总理默克尔用了《小王子》里的话：爱情不是终日彼此对视，而是携手瞭望共同的远方。

两人结伴旅行的初衷，始于汶川地震，张昕宇带队救援后，忽觉生命脆弱。

"我跟梁红说咱们现在过的生活快乐吗？这是你想过的日子吗？咱们小时候那些理想都还记得吗？三天的时间决定改变生活方式，不做生意做自己。"

同样想改变生活方式的，还有一对年轻夫妇。

他们没给孩子上学费三万的早教班，也没给孩子上八万的双语幼儿园，而是带孩子去环游世界了。

从德国新天鹅堡，到华盛顿历史博物馆，再转途耶路撒冷哭墙。

他们写了一篇题为《对不起，爸爸妈妈给不了你 800W 的学区房》的文章，刷屏朋友圈。

信的结尾，孩子妈妈引用龙应台《目送》中的话："让你的眼里拥有更广渺的世界，你才会带着包容与好奇之心走得更远；带你领略更多的人生百态，你才懂得人生的意义对每个人来说本就不同。"

旅行是自由的，旅行亦是叛逆的。

旅行总能在一成不变的人设之外，打破人生的边界。

梦绕珠峰

老张把家人骗到国外，一个人来到西单再看看花花世界。他担心这是最后一眼。

一

互联网金融公司格子间里，个子不高的龙文腰板挺直，行走如风，每天挂在嘴边的主题词是"大额资金"和"投资回报"。但当聊起山时，他的眼睛会陡然发光。

穿过窗外北京的浊尘，他仿佛能望到千里之外的雪峰。

黄昏的暖光，让峰顶覆满金雪，入夜后，狂风如鞭，抽击着山岩。风雪声中，人缩在帐篷内，捧一小杯热茶。那杯热茶，就是人间至味。

2014 年，龙文第一次抵达珠峰大本营。为这一天，他准备已久，甚至不惜从此前工作六年的中央媒体辞职。

几年积蓄，变成十几万的装备、二十多万的登山费用。

在周围人看来，这太疯狂。只有他知道，当工作和生活陷入机械后，精神抑郁、深夜难眠的痛苦。他想逃离都市，亲近山峰。

32 岁的龙文，从大学起就是户外爱好者，访遍三山五岳。2012 年，龙文第一次来到尼泊尔，徒步至珠峰大本营，第一次望见珠峰。

从尼泊尔返航后，他便对珠峰魂牵梦绕。

当决定攀登珠峰后，他忽然觉得工作不再是桎梏，反而充满了新能量。

2014 年 3 月 20 日，经过一年多筹备，龙文辞去工作，抵达尼泊尔，登上从加德满都飞卢卡拉的小飞机。

小飞机沿喜马拉雅山脉飞行，一路掠过峡谷、河流、森林和村庄，仿如大冒险的前奏。安全着陆后，高海拔徒步适应才真正开始。

攀登珠峰最短只需要几十个小时，但之前的高海拔适应和体能拉练却需十余天至一两个月。

十几天后，龙文终于抵达珠峰大本营，然而在他出发前，珠峰遭遇了 1996 年以来最大的冰崩事故。

16 个夏尔巴族向导丧生，所有登山者被要求撤离。

一具具尸体被直升机拉到大本营，排在龙文的面前。一天前，他们还在谈笑风生。这是他第一次感受到人类在天威面前的渺小。

千金散尽，铩羽而归。几大包装备尘封在家里的角落。梦想暂时蛰伏，等待时机。

二

从山里归来，洗个热水澡，吃碗泡面，平凡的日常也变得无比幸福。但这种幸福感不会持续太久，爱山的人在都市中总会感到孤独。

龙文的酒友叫张安华，也是位登山爱好者。

2016年，59岁的张安华成功登顶珠峰，成为华人中年龄仅次于王石的挑战者。

比起年轻气盛的龙文，国企领导张安华行事稳重，看起来并不像户外爱好者。可他才是真正的痴人。为登珠峰，他曾做好放弃生命的准备。

网友分析，登雪山尤其是8000米以上的山峰，和坐宇宙飞船的死亡率差不多，都是百分之十几。

登珠峰前，老张瞒了所有家人。他没有写遗书，但提前把妻子支到海外度假。

他在手机里下载了《橄榄树》，计划若是中途不行了，就听着"不要问我从哪里来"告别人世。

临行前，他特意去天安门、王府井转了转，一个人坐在西单图书大厦门口看人来人往。

他不知道自己还能不能再看到这些。

2016年3月，小邦在加德满都机场看到张安华时有些担忧。穿着夹克的张安华，好像寻常出门旅游的老干部。

这几年，在尼泊尔开探险公司的小邦，接待了越来越多来挑战珠峰的普通人。

除了财力雄厚的企业家和资深探险家，来自中国的中产白领越来越多，他们往往请一两个月假，自费几十万，挑战世界第一峰。

高原上，向导带着老张徒步而行，翻山越岭，逐步观测老张的适应力。

到珠峰大本营时，老张咳血、流鼻血、拇指疼痛、脚生冻疮，大本营油气供应不足，严寒难耐，但梦想难熄。

5月15日凌晨，张安华开始攀爬珠峰。无尽的风雪从苍穹吹下，考验着挑战终极的人们。

此后四天，是他人生最艰难也最闪耀的时刻。

某天，凌晨两点，高空中的世界刻骨冰寒，老张第一次觉得"上不去了"。

他的氧气面罩被冻住了。他浑身僵硬，意识模糊。

向导的声音从上方传来，老张下意识地向上攀爬，如同藏地那些磕头爬行的牧民。只不过，他的朝圣路是向上的。最后200米，他觉得已到濒死边缘。

老张背着20公斤重的装备，沿着仅有一步宽、两侧皆陡坡的山脊，小心翼翼向前蹭。他不断敲打身体，为了驱寒，也避免睡着。

熬过这最后200米，大自然终于俯首，年近花甲的老张站在了世界之巅。

三

8848 米，除了云海什么都看不见。那种世界最高点带来的特殊冲击，难以形容。

张安华成为中国年纪第二大的登顶者。万科的王石，登顶时比他大了六个月。

他一屁股坐了下来，没有欢呼，没有喜悦，陷入"该如何下山"的沉思。

30% 的登山罹难者死于从山顶回四号营地的途中。

5 月 29 日，老张终于回到北京。他脱了相，脸部灼伤，肚子凹陷。出发前 70 多公斤，归来时降到了 59 公斤。

巍峨的国企大楼里，老张重新坐在绛红色的书桌前批阅文件、接待访客。生活如常，但他觉得生命已经不一样了。

老张攀爬珠峰时，国内一张小报纸报道了此事。消息传开后，被他骗到国外度假的家人既生气又自豪。

有老外问老张的儿子，你爸怎么没来美国？他自豪地回答："他登珠峰去了。"老外死活不信。

老张的故事激励着龙文，他一直在为未尽的珠峰梦做准备。

在他的感召下，原先爬个香山都说"不可能"的朋友们，也加入了他的探险之旅。

他们远征太行山，在雪地和雾凇中腾云驾雾；他们穿越罗布泊，在无人的荒野上饮酒吃肉、席地而歌……

总有人问他，为什么会喜欢艰苦的登山运动？

网上有一个答案替他说出了心声：

"在你克服雪原、冰川、峭壁，极度疲劳爬到山顶，俯视群山和仰望天空的时候，你会觉得，这辈子，真的值了。"

请穿着西服去战斗

出门前，他会花很长时间打理衬衫、领带和鞋面。为了搭配西服，他还会带一把手工制作的老式弯头雨伞。

一

"Tailor makes the man."

北京国贸附近嘉里中心的角落，藏着一家裁缝店，店门上刻着这句英文，意为"裁缝成就了男人"。

裁缝店的老板叫熊可嘉，年近七旬，头发花白。他的店被美国福布斯杂志认定为"全球十佳西服定制店"。

小店内木质地板吱呀作响，70年前的美国胜家缝纫机摆在一旁，散发着时光的味道。

熊可嘉身着一套浅蓝格子西装，那是他与岁月战斗的铠甲。

西服的针脚交错，缝合了他半生的西服时光，以及几经变幻的两岸风云。

他成长于国民党败退台湾的时代，14岁进入福建帮西服店当学徒。

后来，熊可嘉就守在台湾的酒店，开始了定制西服的生意。

再后来，他有了自己的店面。记忆中，很多台湾媒体名人曾前来定制礼服。台湾政界赫赫有名的"死对头"，也曾在店中尴尬碰面。

因为外国客户络绎不绝，小小的裁缝店险些成为情报部门的联络点。

熟客和他说，当年一位从事情报工作的台湾特工刚下飞机，就被外国安全人员控制。他们互相觉得对方有点儿眼熟，原来两人都穿着熊可嘉制作的西装。

他的生意随着美国退出台湾渐渐凋零，两岸的隔阂也逐渐消融。

1996年，他来到大陆，开始为驻华的6000多名各国大使和外商定制西服。不过在上海弄堂的老洋房中，他几乎很少遇到中国客户。

十几年前，中国人习惯在冬天穿厚厚的毛裤毛衣，以及宽大的外衣。相比定制，他们更愿买一件阿玛尼和杰尼亚的名牌。

但熊可嘉知道，1950年以前，上海有700家西服店。

他决定等待。

二

他的客户中，从来不乏达官显贵。

2001 年上海 APEC 会议期间，有一名老者找上门来，希望熊可嘉在两天内为一位大人物做出一套西服来。

交谈中确定他能够胜任后，这位老者拿出一枚白宫徽章。原来是让他为当时的美国总统小布什定制西装。

遗憾的是，因为证件方面的问题，此事最终没能成行。因为同样的原因，他也与英国首相布莱尔擦肩而过。

朝鲜大使馆的工作人员也会来店里做西服。他们通常只带美金现钞，讲着一口流利的中文，身着清一色的、被其他顾客戏称为"布尔什维克式"的西服。

如今，中国客户已经成为他客户的主力军。

据他粗略计算，2008 年以来，几家店面中国客人的比例逐渐上升，从最初的 5% 上升到 2012 年的 35%。

这些客户大多在 25 岁到 40 岁之间，接受过优良的教育，经常锻炼，身体拥有线条鲜明的肌肉。

十多年前，一位母亲曾带着 16 岁的儿子来定做西服，为去美国留学做准备。几年后，那个男孩已经变得身材挺拔、彬彬有礼，又来店里做了一套工作时穿的西装。

后来，他结婚生子，带着妻子和可爱的孩子再次探访。他打趣地问店中的店员："还记得我吗？"

"当然记得。孩子都这么大了？"店员的眼角已经爬上皱纹，笑容依然亲切。一件西服之上，承载着家庭的记忆。

起初，中国客人往往并不清楚自己需要的是一件休闲装还是结婚礼服，甚至要回去考虑一阵。

而现在的大多数年轻人往往要求明晰：工作着装的样式，深蓝色、灰色或黑色的面料，普通袖口。他们偶尔还会叮嘱一句：不能让人觉得比老板穿得好。

更多人开始对程式化的方式嗤之以鼻。

他们从来不要求裁剪师有多显赫的背景和学历，也不在乎缝纫机械是否造价超过千万。他们只有一个要求：用最精湛的手艺，做出最符合自己气质的衣服。

三

熊可嘉至今保持着老牌英式贵族的做派。无论何时，他都会挑选一件款式、颜色和材料都颇为得体的西装。

出门前，他会花很长时间打理衬衫、领带和鞋面。为了搭配西服，他还会带一把手工制作的老式弯头雨伞。

在某知名杂志社做图片总监的丁大伟，是熊可嘉的忘年交。老上海的绅士风范，对他影响深远。大学时候他便喜欢身着考究的西装，偶尔还会把爷爷当年闯荡上海租界时的西装拿出来穿。

丁大伟时常和熊可嘉相聚，不需几秒钟，他便能扶着圆框眼镜，断定熊可嘉手中的一枚扣子是沙俄时期的军扣。

近几年，互联网上有关西服搭配、针线走角的名博和文章越来越多。英式、意式和美式，线上或线下的西服店面，已经遍地开花，其名称中都有个共同的词：高定。

熊可嘉参观过这样的店面。店主们往往很年轻，有着旅欧经历，拿过时尚界的奖项。

这些年轻人行事自信，头发梳理得一丝不苟，他们出入高级会所和名流派对，生意都是会员制。

然而与熊可嘉不同，他们只进行设计，很少参与西服的裁剪制作流程。他们的裁缝其实对绅士风度知之甚少。

这在熊可嘉看来，属于"神魂分离"。缺失绅士文化的制作，西服只是件漂亮衣服而已。

偶尔，他会和英国萨维尔街的裁剪师们聊起过去的旧时光。他们并不喜欢"版型"这个称呼，因为那意味着流水线上的产品。

他依然坚持对英国面料的偏好，遵守着老手艺人的制作标准，排斥追逐潮流。

他并不担心时代的变迁，只是在纠结手艺的传承。

熊可嘉已随时光老去，他即这间小店的灵魂，"once you die, your shop die"。

这个东北女孩，在英国上演逆袭

这个从中国东北风雪中走出的女孩，在英国创造了现代灰姑娘的奇迹。

一

萨维尔街位于英国伦敦西区，长度不过百米，砖石之上覆压着两百多年的烟尘。拿破仑三世、查尔斯王子以及小贝都曾踏足于此，在街边的店铺量体裁衣。

这里聚集着世界上最顶尖的服装裁剪师，生产着世界上最顶级的西装，此外还创造了一个词，叫作"定制"。

全英梅所在的店铺 Welsh & Jefferies，墙上仍挂着威尔士亲王的委任书，顾客中包括丘吉尔。

她34岁，短发细眉，笑声爽朗。她是这条街上唯一的华人服装裁剪师，是这家店200多年来唯一的中国合伙人，也是获得"定制界的奥斯卡"金剪刀奖的唯一的亚洲人。

当顾客推开木框门，她已用目光勾勒出其身材轮廓。数不清的布料和设计方案,在她脑海中飞快闪过。

寒暄中,对顾客的生活范围、工作特点、穿衣季节和场合已了然于心。

意大利男生爱亮色,英国男生着装偏暗沉,上海年轻人喜欢穿得跳脱,北京人更老派些,色度要低两色。

有时,她会问客人是否经常背单肩包,因为要考虑到左右肩膀的高低。

完成一套全定制西装需至少50个小时。如果算上排队时间,客人往往要等待两三个月。

裁剪师将测量客人50多处身体部位的尺寸,记录顾客的身高、体型等细节。最终,客人将得到一件可传世的作品。

她入行之初,当同事漫不经心地告诉她,正在做的西装是给英国首相布莱尔穿时,她会惊呼:"天啊,我在给布莱尔缝扣子!"后来,哪怕客户是美国总统小布什,她也波澜不惊。

但她初来乍到时,没人看好这位来自中国东北的姑娘。

二

在萨维尔街,实力是唯一的评判标准。

18岁前,全英梅的世界与萨维尔街远隔万里。

她出生于黑龙江省牡丹江市——一座被风雪包裹的北方城市。

她喜欢画画和给公仔设计衣服。她记得每周二的下午,电视上只有一个频道有节目,就是T台走秀。

她对英国的大部分了解，来自《简爱》。

2000 年，她的父亲不幸病故。高中毕业后，全英梅带着家里仅有的存款前往英国留学，"一度担心自己连签证都办不下来"。

刚到英国，她就被人骗光了几乎所有的钱。

在英国中央圣马丁设计学院学习服装设计的时候，她一度靠在餐馆打工、卖面包维持生活。

机缘巧合，当时萨维尔街的老牌店铺 Kilgour 打算招收一名亚洲学徒，全英梅抓住了这次机会。

命运开始微笑，如同灰姑娘第一次望到城堡中透出的微光。

她要学习最古老的技法。比如用绳子绑住手指，保持指尖与指关节大幅度的弯曲，才能穿针引线。这一练就是半年。

她食指外侧的皮肤在两年时间里无数次被扎到，然后发烂、愈合，循环往复。

她很少擦护手霜，因为手掌太湿或出汗时会摸不出布料的质感。如今，她的双手有着与年龄不符的粗糙。左手食指的外侧有一层厚茧，已基本感觉不到开水的烫。

一件衣服要用上七八十种不同的线，相应的针法、线法也会复杂多变；对十多万种布料的色彩差异、材质和触感，都要烂熟于心。

全英梅说，迈入这个行业的时候，"英国的裁剪师理所应当地认为，你是坚持不起的"。

十年光阴，也不过如此。"这个行业几乎是五年学会一样东西，之后五年磨经验。"

当年在萨维尔街不同店铺里学习的年轻人，一共有二十多人，如今只有三人还在。

三

萨维尔街的规矩简单而直接——一切凭本事说话。

2009年，她第一次挑战金剪刀奖，以一套工艺复杂的军装获得了提名。当时，为范冰冰定制"凤袍"的劳伦斯·许说："这件东西在中国做不出来。"

这项"定制界的奥斯卡"每两年举行一次。评委由全英国最资深的剪裁师、时尚名流和娱乐明星组成。

2011年，全英梅再次参赛，以一匹老羊毛料子做了一件女式大衣。这件八片剪裁的衣服，要考虑腰线、胸线等技法，还要让复杂的图案有序衔接。一刀剪错，满盘皆输。

最终，她捧得了金剪刀奖，成为第一个获此殊荣的亚洲人。整个欧洲为之侧目。

那些对全英梅冷淡的英国同行们，开始打听"那个中国女孩"的名字。他们邀请全英梅喝下午茶，还带她一起去猎狐。

几年前，她所供职的 Welsh & Jefferies 公司有一位股东退休，于是她买下部分股份，成为董事。这是这条街 200 多年来唯一的中国老板。

曾有一位年轻人，拿出爷爷在 1937 年定制的西装，打算改为适合他的尺寸。全英梅找出了那块 1937 年的布料。70 多年光阴后，布料仍新，但那件西装经过放置、干洗已然变色。

她把旧衣领整体卸下，里子换新，使这件 70 多岁的西装变成七成新的样子。

"在英国，很多人订一件衣服，是可以留给下一代的。"

查尔斯王子与黛安娜结婚时穿的军装就出自 Welsh & Jefferies。多年后，为了出席威廉王子的大婚盛宴，查尔斯希望按照当年的军装原样重做一件，特别要求用原来的金线。

"他不喜欢那种很新的、亮闪闪的金色，认为没有历史感、没有触感。"她解释。

全英梅参与了这件军装的制作，"婚礼前十五六天才开始，全部人赶工，到婚礼前夜才做好"。

这件衣服几乎全部用手工完成。这意味着漫长的时间，也代表着古老的尊重。

她用顶针和剪刀打磨着技艺与光阴。她信奉，花时间等待一件好衣服，是一种最美好的教养。

图书在版编目（CIP）数据

时间的潮汐：凡是过往，皆为序章 / 王鹏主编 . --
北京：当代世界出版社，2020.9
ISBN 978-7-5090-1476-9

Ⅰ . ①时… Ⅱ . ①王… Ⅲ . ①经济史—世界—通俗读
物 Ⅳ . ① F119-49

中国版本图书馆 CIP 数据核字 (2020) 第 131766 号

书　　名：时间的潮汐：凡是过往，皆为序章
出版发行：当代世界出版社
地　　址：北京市东城区地安门东大街 70-9 号
网　　址：http://www.worldpress.org.cn
责任编辑：高　冉
编务电话：(010) 83907528
发行电话：(010) 83908410（传真）
　　　　　13601274970
　　　　　18611107149
　　　　　13521909533
经　　销：新华书店
印　　刷：天津丰富彩艺印刷有限公司
开　　本：889 毫米 ×1194 毫米　　1/32
印　　张：9
字　　数：210 千字
版　　次：2020 年 9 月第 1 版
印　　次：2020 年 9 月第 1 版
书　　号：ISBN 978-7-5090-1476-9
定　　价：69.80 元